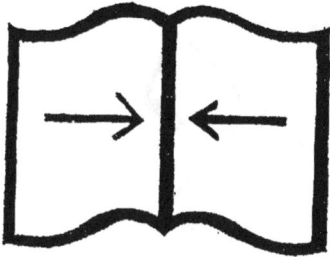

RELIURE SERREE
Absence de marges
intérieures

Couvertures supérieure et inférieure
en couleur

Paris. — Imp. G.-A. Chaumier, 51, rue de Rio

FEMMES HONNÊTES

Il a été tiré de cet ouvrage 30 exemplaires sur Japon, numérotés et signés, avec eau-forte sur grandes marges au prix de 30 francs.

PALLENTES RAUERE MORES.

JOSÉPHIN PÉLADAN

FEMMES HONNÊTES

AVEC UN FRONTISPICE A L'EAU FORTE

DE

FERNAND KNOPFF

ET

DOUZE COMPOSITIONS

DE

JOSÉ ROY

PARIS

C. DALOU, ÉDITEUR

17, QUAI VOLTAIRE

1888

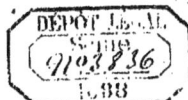

DÉDICACE

A

ARSÈNE HOUSSAYE

———

Mon cher Comte de Champagne,

Une civilisation n'a jamais été qu'une Aristie. Celle
du Nom aujourd'hui porte lambel péri, lion diffamé,
écu senestré et toutes brisures. Celle du Livre seule a
lieu : et l'écrivain qui fait le plus d'honneur à sa province ne peut-il pas s'en titrer ?

Comme notre cher Barbey d'Aurevilly est duc de
Normandie, Vous êtes Comte de Champagne.

Comte de Paris, au même titre, honni soit qui mal
y prétend car, méchante, niaise, jaune d'envie, de bê
tise immonde, la Saturnienne Province égorge ses
plus beaux enfants s'ils ne se réfugient en la bonne
Ville, l'VRBS profane : elle ne sait pas de ses mains
laides et griffeuses, tresser de couronne et ne se résigne
à admirer qu'à la clameur de Lutèce, sur une tombe.

En un point qui Vous touche fort, Paris est provin-

cial, il cliche la spécialité d'un intellectuel, fût-il le
plus ondoyant et divers; et se fâche des ondoyances
et des diversités.

Le malheur dans Votre vie jupiterienne, a été la poly-
graphie.

Le poète des *Poèmes romantiques,* des *onze mille
vierges* et de *Sapho* fait tort au philosophe des *Destinées de l'âme* et l'historien de Léonard nuit au romancier des *Grandes Dames.* On oppose le directeur
de la Comédie-Française au directeur de l'*Artiste,*
l'inspecteur des Beaux-Arts à l'homme à la mode : et le
violon de Franjolé, distrait de *la Galerie du dix-
huitième siècle.*

Vous avez touché à trop de choses et d'une main
lumineuse, et Vous voilà en Aristide du Romantisme
qui a lassé l'opinion à varier ses mérites.

Donner de beaux livres et en même temps les plus
belles fêtes de Paris; restaurer le *41ᵐᵉ fauteuil,* au men-
ton glabre des quarante, ne peut se faire impunément.

Quand vous avez parlé pour Descartes ou Beaumar-
chais, on a cru que Vous citiez et quelques-uns s'étonnent de ne pas trouver Votre chanson de Béranger
parmi les siennes. Le premier, Vous avez découvert le
dix-huitième criant « Idéal » en vue de la Cythère pour
laquelle Watteau appareilla.

Horace doublé de Mecenes, l'art ne Vous doit pas que

Vos ouvrages, Votre main a autant aidé qu'elle a
écrit:

Il me plaît, maintenant, la fortune de mon œuvre
fondée et mon public conquis, de me souvenir que Vous
fûtes le premier ami. Si notre cher duc d'Aurevilly a
pu dire, je ne sais ni pourquoi, ni comme, l'*Histoire et
légende de Marion de l'Orme*[1], à Vous revient l'instiga-
tion, voire presque l'édition, délicieuse alors Vous quit-
tiez l'*Artiste* et m'y avez introduit pour y commencer
en mille pages d'esthétique le scandale d'une person-
nalité qui ne transige pas.

Enfin, Vous vous êtes confessé comme saint Augus-
tin et Jean-Jacques, et c'est, en ces mémoires qui sont
ceux même du temps, qu'il faut chercher parmi les
génies et les beautés d'un demi-siècle, intime dès premiers, plus qu'intime des autres, le véritable Arsène, ce
charmeur charmé qui accepterait de revivre sa vie.

Et parce que Vous aurez eu toujours vingt ans; que
Vous aurez cru aux Dieux et aux roses, Vous serez aimé
de qui viendra, et salué de tout front dépassant.

L'an dernier, en Votre hôtel de l'avenue Friedland tendu
de chefs-d'œuvre, au sourire lumineux d'une princesse

---

[1] *L'histoire et légende de Marion de l'Orme* tiré à 400 sur van Gelder,
avec gravure de Nargeot d'après le portrait authentique de la galerie
d'Arsène Houssaye, ne fut pas mis en vente mais offert à une cinquan-
taine d'exemplaires en 1882.
Nous avons acquis l'édition et la livrons au public.

(Note de l'éditeur).

2

platonicienne vous souvenez-vous d'un Symposion ou nous étions quelques augures alanguis par l'effluve du printemps.

Je ne sais plus d'où vint l'effusion; mais d'Aurevilly vous prit les mains, l'un de Vous deux dit à l'autre : « nous sommes les derniers des Romains. »

Je salue donc ici, autant que l'Ami, l'un des derniers grands Maîtres Romantiques avec ce quelque chose de séduit qui entrera toujours dans l'admiration et qui fait souriante Votre gloire.

JOSÉPHIN PÉLADAN.

Hyères-les-Palmiers, 17 février 1888.

AURELE

AURÈLE

Ce que cela coûte de n'être pas.....
... minauterisé ! Si on le savait.

LES FLIRTEUSES.

Au lendemain des soupers de Carnaval, au réveil
des nuits louées, dans la nausée qui se lève avec l'aube
sur une orgie, se dressait toujours le fantôme aimé
d'une femme bien à lui, trouvée vierge, restée fidèle.

Quand les conversations de cercle et les confidences
de fumoir déshabillaient les femmes de son monde,
toutes coupables au moins d'une coquetterie de mauvais lieu, il se prenait à rêver une épouse si publique-
ment parfaite que le soupçon ne l'effleura pas; et sa
vanité s'exaltant à l'idée de devenir célèbre par la
vertu de sa femme, il jouissait de l'étonnement envieux
du Tout Paris; il lisait dans les Goncourt de l'avenir,
sa merveilleuse antithèse à l'aventure de Ménélas;
il se laurait de la couronne qu'Ulysse reçut de Péné-
lope, Madame de Guebriant formant un chapitre
parmi les beaux traits de morale publiés au vingtième
siècle.

Des millions, des manières, de la santé, un blason;

PAGINATION DECALEE

c'est plus qu'il ne faut pour voir défiler devant soi,
demoiselles à marier et veuves récidivistes. Mais si la
beauté peut être évidente, la sagesse demeure toujours
hypothétique. Tâter le front de sa future femme, est-ce
garantir le sien, et se peut-on risquer en pleine foi, sur
les pronostics physiognomoniques.

Qui prétend connaître celle qu'il prend, est un sot ;
elle le lui montre bientôt ! La femme qui a vécu, dans
le double sens physiologique et social, accuse son
caractère par son allure, sa voix et son regard ; elle se
livre à l'observateur inévitablement affirmative de son
intime nature. La jeune fille s'ignore à moitié et
n'ose se profiler moralement ; sa mère lui a appris à
mentir du cœur comme à mentir du corps, et l'hypocrisie avec la toilette, refoulant les défectuosités de
tempérament, lui enseignent le canon de son âge, de son
sexe, qui est de jouer la tendre brebis, si louve qu'elle
soit. Aussi, le mariage est-il un tirage au sort, on
prend une main au lieu d'un numéro : tel croit mener
à l'autel une femme d'intérieur, et s'unit à une écer-
velée, ou bien le contraire : le bandeau de l'amour plus
épais sur les yeux de l'hymenée, le change en un terrible Colin-Maillard.

Pour expliquer les songes, on les retourne : car le
sommeil étant le rebours de la veille, les images s'y
présentent renversées et Synésius enseigne d'inter-
prêter antéthiquement l'excrément par l'or : pour
expliquer les jeunes filles, il faut, si leur éducation a
été familiale, prendre le contre-pied.

Guébriant eut cru déchoir en appliquant une méthode d'onéocritie, à cette recherche; il attendait, depuis plusieurs années, avec la persistance du monomane, le passage de son oiseau bleu, quand une très fortuite circonstance, l'achat d'une ferme avoisinant son château de Touraine, l'amena chez les Dorménil, au Marais.

Entre un vieux magistrat très digne et une de ces bourgeoises que le peuple appelle d'après leur air « maîtresse femme », lui apparut Minerve avec la ceinture de Vénus, ou Vénus elle-même avec le plectrum palladien, c'est-à-dire, Aurèle Dorménil, jeune fille répondant à l'épithète « accomplie ».

Sitôt que Madame Dorménil vit le comte revenir sous un prétexte insuffisant, elle catéchisa ainsi:

« Aurèle, une femme honnête, est propriétaire de son mari; en retour de sa fidélité, tout lui est dû; mais dissimulez encore, il faut feindre la docilité jusqu'au lendemain du mariage; lors, prenez, aussi complète que possible, la revanche de votre obéissance de demoiselle. »

La revanche, ce mot imbécile qui signifie en France l'espoir d'un colossal homicide compliqué de vol et de viol, signifiait pour Aurèle, un piétinement de toute sa vie sur l'homme qu'elle allait épouser. Elle bêla comme l'Agnelet de la farce, baissant les yeux, flutant la voix, laissant tomber un éternel et soumis « comme il vous complaira » aux projets du fiancé; tandis que sa pensée, tâtait d'une curiosité hostile, la sensibilité de Guébriant, cherchant déjà la place ou la laisse s'attacherait solidement, à l'insu du patient.

Dès le voyage de noce, en causant, elle exposa l'inégalité de leurs apports; elle lui était venue vierge, il l'avait cherchée après en avoir connu cent autres ; et cette seule considération devant Dieu et la conscience, devait persuader Guébriant de se rendre à merci, en toute rencontre. Celui-ci admira de tels sentiments sans découvrir la menace qu'ils renfermaient ; il aurait mis la main au feu, de n'être jamais minautorisé, en effet, il ne se serait pas brûlé; mais si tout se paye, cela est vrai surtout de l'ordre sentimental et il apprit bientôt que les violons de la vertu ne jouent pas d'ordinaire à aussi bon marché que les pistons du vice.

L'indulgence, cette vertu cérébrale, exclusivement masculine, une femme sans faiblesse ne s'y élève que par indifférence; car il faut bien de la supériorité pour pardonner des travers ou des excès qu'on n'a pas soi-même.

Aurèle, parfaite et médiocre ne pardonna rien, ni l'odeur du cigare, ni le goût des petits théâtres, ni le cercle, et cette série de tics au physique et de manies au moral dont l'ensemble forme un caractère. Elle procéda tactiquement à l'annihilation du mari, ce grand œuvre de tant de femmes : et d'abord l'isola.

Les amis de jeunesse, vivants ressouvenirs des heures gaies de la libre vie; les camarades restés garçons et qui apportent, dans la fumée de leur londrès, l'odeur du fruit désormais défendu; les mariés eux-mêmes, parce

qu'entre hommes, on s'avoue ses lâchetés conjugales
et on se pousse mutuellement à l'émancipation : tous
évincés.

A sa première lassitude, Guébriant chercha ce gilet
d'ami, dernier avatar du confident de tragédie où l'on
verse, sous forme de généralités grinchues, le trop plein
de son humeur, où on se raconte anonymement pour
se soulager : il se vit seul.

Sombre ennui! il voulut s'occuper de sa fortune, spé-
culer, mais Aurèle revendiqua comme apanage de son
honnêteté, l'administration de leurs biens : elle s'y
entendait fort, il dut passer outre et voir sa part
d'initiative diminuer chaque jour sous la marée mon-
tante de l'envahissement Aurélien. Elle s'attaqua à ses
goûts même, Guébriant cria; à chaque scène, elle fit
devant lui le plus orgueilleux des examens de conscience,
d'où il fallait conclure à sa perfection, à moins d'être
un méchant négateur du soleil. La guerre intime voit des
horreurs inconnues qui dépassent la force de peintre
psychique d'un d'Aurévilly; l'art n'a peut-être pas encore
donné la sensation de ces semaines de silence, face à
face; de ces nuits dos à dos, de ces repas où on se passe
les plats comme si on se les jetait, avec des coups de
poignard dans le regard et, derrière soi, la raillerie à
peine cachée des domestiques narquois. Guébriant me-
naça de reprendre sa vie de garçon, si celle de famille
continuait à n'être pas tolérable : il rentra tard, et se
heurta au seuil de la chambre conjugale à une vivante
statue du remords: Aurèle, toute en blanc et immobile;

3

très nerveux, il ne put résister à cet effet théâtral de
Commanderesse.

Deux enfants naquirent qu'elle éleva avec sa séche-
resse d'âme; il les eut aimés espiègles, elle les voulut si-
lencieux et craintifs. Incapable de la tuer, retenu de fuir
par le point d'honneur devant la galerie, il abdiqua.

Désormais, sigisbé de sa femme, toujours à son bras
pendue, il se laisse remorquer des après-midi entières,
aux magasins, aux thés, aux jours de réception : et
comme on se tue avec ce qui est sous la main, il tâche
de mourir de sa femme.

Les jours de soleil, vous rencontrerez, aux Champs-
Élysées, une épouse encore jeune, guidant les pas
d'un homme hâtivement vieilli. Les simples se signent
mentalement, plaignant cette beauté d'avoir pris un
mari exténué de débauche. Les observateurs lancent à
Aurèle un regard de mépris qui étonne profondément
cette honnête femme. Si on l'accusait de tuer son
mari, elle crierait de son innocence, et de bonne foi.
D'une frigidité de macreuse, selon le mot de Louis XV,
elle prit les transports des premières nuits pour le programme régulier, la moyenne du devoir conjugal; elle
crut son devoir écrit à maintenir son époux à ce dia-
pason; n'épargna rien des chatteries d'alcôve pour
rester dans la toute première portée amoureuse. Le
comte de Guébriant va mourir de ce malentendu physiologique.

Le rôle de mari est-il trop lourd pour les hommes

d'aujourd'hui, comme l'armure de leurs ancêtres ? On bien les femmes sans éducation chrétienne sont-elles monstrueuses ? Balzac, en donnant l'opinion masculine de son temps, montrait le cocuage. le grand écueil du mariage. Aujourd'hui, le plus heureux des trois a passé du Palais-Royal et de la plaisanterie à l'état de condition générale. Ne serait-ce pas que le protestantisme s'infiltre dans nos mœurs et empoisonne jusqu'à la vertu : demain, peut-être, comptera-t-on pour leur rareté, les téméraires qui oseront charger sur leurs épaules la vertu de plomb de l'épouse décadente ?

TITIENNE

TITIENNE

— « Don juanisme
— Le mot est d'Armand Hayem, mais
la chose est féminine: pour un
Don Juan, dix mille Dona Juana, »
LES FLIRTEUSES.

Plaire à beaucoup, sinon à tous; plaire la plupart du
temps, sinon toujours, plaire vivement, sinon profondément: voilà toute la vie de Titienne.

Pour ce but, rien ne lui coûte, et s'il nécessitait la
plus austère vertu, demain elle en ferait preuve, sans
efforts. Nul dessein méchant n'a couvé sous son
front étroit, ses doigts jamais ne s'arquent en griffes :
L'humeur rose comme le teint, elle ne cherche à
travers la vie, que des yeux où se mirer, des éclats de
rire et une galerie pour ses toilettes. En morale elle
suit la mode comme en coiffure et c'est la faute de son
temps, non la sienne, si elle ne remplit pas le Tout-
Paris d'édification. Elle appartient à cette portée du

PAGINATION DECALEE

second Empire qui chanta la *Femme à barbe*, sans goût
pour la vulgarité, s'exhiba en tableaux vivants à moitié
nus, sans cynisme, parla dans le ton « je m'en fiche,
re-fiche et contre-fiche » parce que Compiègne le donnait.

Les femmes de bonne foi demandent un saint pour
devenir saintes ; certes, elles essayeraient de le damner,
mais ne réussissant pas, elles se résigneraient à leur
salut; on a vu, sous l'influence de la Maintenon, la
cour et la ville s'embéguiner à l'ordre du roi; il y avait
bien de l'hypocrisie, sans doute, en ces bigoteries spon-
tanées, cependant le grand nombre, sans passion et qui
ne fait que suivre le branle, emboîte le pas à la suite
de la Retenue aussi bien que derrière la Licence.

Il y a six cents ans, le Diable endossait toute la tur-
pitude terrestre. Aujourd'hui, temps de coche sans cocher, d'État sans chef, et d'irresponsabilité générale,
Satan lui aussi a perdu sa dignité de mécréant suprême, et les mœurs, filles du suffrage universel comme
les institutions valent suivant leur origine, qui est la
boue. Quand tout un peuple mérite la corde, on ne
pend plus ; et tous les balais étant au rotissage, la vertu
n'a plus même l'outil d'une généreuse bastonnade.

Titienne se nomme légion, la femme sans amour dont
tout le monde a obtenu une faveur; la flirteuse sempi-
ternelle qui ferait des moues à son miroir, faute d'un
homme à enjôler. Celui-ci a d'elle un ruban de cou,
celui-là un mouchoir ; ce troisième eut un baiser ; qui
lui a serré la taille, qui le pied; un tel lui a tapoté le

dos, tel autre, léché le bras; elle s'est assise sur le ge-
nou de X... et il lui a remis sa jarretière. J'ai cherché
quelqu'un qui n'ait pas été au moins une fois chatouillé
par ses frisons et frôlé par ses jupes, et je ne l'ai point
trouvé. Elle s'éparpille à tant de personnes et morcelle
si bien ses bonnes grâces qu'en s'examinant elle ne se
découvre aucune préférence, et partant s'estime la plus
honnête du monde. Le jour où elle accorderait à un
seul ce qu'elle distribue à cinquante, elle se croirait
coupable; comme c'est bien la logique féminine qui
veut qu'on pousse des cris effarouchés, surprise en
fichu, tandis qu'au bal et à l'éclat des lampes on étalera
beaucoup plus de peau.

La protection de Titienne passe pour puissante : c'est
elle qui, voulant obtenir une nomination, laissa la main
gauche du ministre dans son corsage, le temps qu'il
signait de la droite. On ne se risque jamais à tout demander à Titienne; il est mondainement accepté que
cette charmante honnête femme appartient au Tout-
Paris? C'est la chatte caressante et toujours accueillie du
monde qui s'amuse, comment ne l'aimerait-on, après
tout le soin qu'elle met à l'être ? Sa séduction a les carac-
tères de la charité, elle rayonne sur tout sans provo-
quance comme sans dégoût, elle a de jolis regards pour le
premier passant, un cocher, et le jour venu, cette sala-
mandre de désir ne dédaigne pas de charmer son mari
pour achever la plénitude de la journée.

Car, Titienne a un époux, et le rend heureux.

Le ridicule pour un homme commence à l'amant

4

de sa femme ; et Titienne réputée vertueuse, montre à
son mari un vrai désir de lui plaire, à lui comme aux
autres. L'effort est de toutes nos prétentions, et charmer
le genre humain ne s'essaye pas sans donner grand
peine, quelques conquêtes étant moins difficiles et glo-
rieuses à la fois.

Un sculpteur avait médit de sa croupe d'après son
minois chiffonné, elle a, écartant une tenture, comme
M. Thiers au château de Grandvau, montré 'qu'elle
était Callypyge. Quelqu'un accusa son haleine, elle
l'embrassa pour le dissuader. Le seul écueil ou som-
brerait sa vertu, serait une calomnie sur sa complexion
secrète; mais on n'aura pas la malice de la pousser si
loin, ni elle, ce semble l'entêtement d'avoir à ce prix
le dernier mot.

Doit-on lui présenter un écrivain, comme la princesse de Cadignan avant de voir d'Arthez, elle dévo-
rera ses œuvres et lui en récitera des bribes; or, pour
un homme de lettres, rencontrer en une étoile mondaine une lectrice qui vous sait par cœur est un plaisir
dont la reconnaissance se témoigne par l'éloge de la
liseuse même. Aussi le vers d'Émile Augier :

Charmante, charmante, charmante, charmante.

accole-t-il toujours le nom de Titienne, qu'il soit pro-
noncé dans un salon, un atelier ou un bureau de journal. Elle n'a d'ennemies que des envieuses; sa langue
qu'elle darde souvent ne touche point aux cancans et
aux médisances; elle roule constamment des yeux éna-

mourés qui disent à tout propos et à tout venant : « Si
vous saviez tout le plaisir que je puis donner et que je
ne donnerai point. » Elle ne vise pas à inspirer de grande
passion ; il lui suffit d'occuper agréablement tout le
temps de sa présence. Elle n'a jamais fait ni heureux ni
malheureux ; c'est mademoiselle Mars, avec moins de
style, qui marivaude pour son plaisir et celui d'autrui.

De même qu'en politique, l'avis de tous est « de faire
sa pelote » chacun de sa couleur ; dans les mœurs, il
n'y a plus qu'une règle « danser son cotillon » chacun
sur son terrain. L'intérêt général n'existe que par
ses corollaires d'intérêts particuliers ; et la morale
doit s'entendre « le respect des vices d'autrui. » Les
violences de la passion, comme les intolérances de la
conviction, voilà les haines de l'opinion française ; car
elles dérangent l'acheminement doux de l'égoisme et de
la bonne médiocrité :

Certes, le casuiste verrait ici un réquisitoire ; le mo-
raliste, où prendrait-il le courage de vitupérer ; une si
agréable Titienne échappe au blâme ; son mari content
et honoré ; ses amis, tous lui devant quelque obtention
ou faveur difficile ; et le chœur des élégants qui lui est
obligé, en chacun de ses membres, d'une impression
gracieuse ou d'une sensation raffinée ? La première
pierre, qui donc la jetterait ? En comparaison des
femmes jalouses qui empoisonnent la vie de l'époux,
des vaniteuses qui l'exténuent, des dépravées et des
folles, Titienne paraît la fleur même de notre fin de
siècle.

Quand au lieu de trouble, sous forme de vérité, de vertu, on est comme Titienne, une meneuse « de danse en rond, » et qu'on apporte la confirmation de sa grâce à l'optimisme des superficiels, le moyen de n'être pas aimée, louée, au point de se croire méritante.

S'il fallait vous confesser; enfin que diriez-vous ? Titienne.

Sans chercher et le plus ingénûment du monde, elle ferait le grand effort d'une conscience scrupuleuse et immaculée :

« Si ce sont là des péchés — mon père, — je m'accuse d'avoir été jolie avec tout le monde ? »

DULE

XV

DULE

— « Elle attend qu'on lui crie mon
royaume pour. . . . .
— « Madame Richard III ? »
                    LES FLIRTEUSES.

Ne demandez pas si le cœur lui bat, à *Don Juan*, si
sa chair tressaille au printemps ; Dule ne voit rien au
monde que le possible espoir d'une couronne fermée.
Une prédiction plane sur sa vie, l'enfièvre et amènera
la déception finale. Elle avait six ans quand une bohé-
mienne passant devant le château de Barbentane, demanda l'aumône et offrit la bonne aventure ; l'enfant
donna un des écus avec lesquels elle jouait aux pa-
lets ; la sorcière errante, qui ne parlait pas intelligible-
ment, eut ce jeu mimique de lui poser une couronne
sur la tête. Ce geste l'a ensorcelée d'ambition ; elle n'a
cessé de le voir : en grandissant, le pronostic devint
obsessif. Sur sa foi au présage, bientôt toute la famille,
gagnée, crut et se sacrifia à la grande destinée de Dule.
Singulière rencontre, ou mieux, phénomène tout de
magnétisation, la jeune fille, vraiment belle, se donna

PAGINATION DECALEE

le port, l'allure et le parler royaux : seulement, le même air de tête qui va sous la couronne, ridiculise en capote ; entrer dans un salon comme dans une salle du trône, donne à rire.

Une imposante beauté, la meilleure éducation, beaucoup de fortune, un nom historique, ce sont des atouts au jeu de la vie ; la distance reste grande encore qui sépare le château de Barbentane d'un Palais-Royal. L'*Almanach de Gotha* fut son Perrault : elle nota l'âge de tous les princes héritiers de l'Europe, acheta leurs photographies, s'enquit des goûts intimes, et pointa les probables, les incertains et les impossibles. Quand elle eut dix-huit ans, toute la famille se transporta à Paris, et ayant appris qu'il existait un savant Kabbaliste Ledos, capable de dresser un horoscope aussi bien que Jean-Baptiste Morin, elle fit ériger le sien, et déclara l'astrologie menteuse, car, dans le thème, le trône ne se trouva pas, mais bien un mariage ordinaire et une vie toute déçue.

Dule alla d'abord à tous les bals d'ambassade : et là, questionnant les petits attachés, collectionna les révélations souvent les plus fausses sur toutes les altesses disponibles ; une fois nantie d'innombrables commérages de cour elle pensa la promiscuité des villes d'eaux et des stations hivernales favorables aux idylles, et que les sentiments s'ébauchent plus aisément en plein air.

Plusieurs années, le wagon-salon aux armes des Barbentane courut sur le railway européen ; un journal

mondain annonçait-il l'arrivée du Czarewitch à Nice,
du Konprinz à Biarritz, Dule enwagonnait toute sa famille. A peine arrivée, elle s'installait, à prix d'or, dans
le voisinage de l'héritier de l'Empire ; et tandis que ses
frères se livraient à un espionnage qui les faisaient
surveiller comme nihilistes ; à peine débarquée, Dule
se composait des toilettes harmonisées avec les rensei-
gnements recueillis sur le caractère et la nature d'esprit
du futur tzar ; elle s'ingéniait à le croiser en voiture sur
la Promenade des Anglais, même à se baigner en cos-
tume pourpre pour être mieux aperçue. Soit vertu, soit
vice, le prince Sarmate ou Teuton se souciait peu d'une
conquête qui en voulait à l'Empire ; et Dule, déconfite,
non désenchantée, repartait dans sa voiture armoriée,
relançant le prince de Galles jusqu'au pied du Mont-
Blanc. Les archiducs d'Autriche furent en butte à cette
chasse, et bientôt tout le monde diplomatique l'appela
« la Reine d'Yvetot. »

Elle avait affiché son dessein, et les dauphins de tous
les royaumes s'étaient ironiquement dérobés devant
cette chasseresse d'époux.

Cinq ans, elle chercha un royal mari, et quand il n'y
eut plus une seule Altesse à interviewer conjugale-
ment, elle déclara hautement l'amour d'un prince
honorable, et qu'elle se laisserait prendre de la main
gauche : la famille, exténuée, consentit à collaborer à ce
nouveau programme, avec l'espoir d'être bientôt libérée,
et aussi payée de ses peines. Dule provoqua tellement
les mouchoirs au chiffre couronné qu'ils se renfoncèrent

5

dans les poches au lieu d'en sortir. Elle ne sut pas s'assouplir aux grâces de la grande dame galante ; se présenta d'un front cynique ou se roidit au moment qu'il fallait faiblir ; elle fut battue sur ce terrain, et par des filles qui ne la valaient d'aucune sorte. A vingt-huit ans, aigrie, son désir insatisfait, et sa famille refusant de chaperonner plus longtemps son jeu de postulante aux alcôves princières, elle se maria, de rage, avec un duc, diplomate à cervelle vide et de belle tenue. Elle tenta, par les relations de son mari, de se pousser dans les petits appartements du roi de ***, mais partout précédée d'une légende grotesque, elle recevait un accueil ironique.

Alors, Dule se rabattit sur son époux et lui mit en bât son ambition ; elle voulut du moins que son duc et seigneur parvint à de grandes dignités, et l'infortuné diplomate commença une vie qui eut expié les forfaits de tout un peuple républicain.

Il lui fallait à tout le moins être ambassadrice ; 1870 arriva, la France de l'Empire, un état véreux mais un état, croula dans la boue prétorienne, entraînant les espérances de Dule. Elle eut ramassé du pouvoir même sous l'étal d'un Napoléon Ier, et une lutte terrible s'engagea avec le duc qui gardait quelque fierté et ne voulait pas s'encanailler jusqu'à être élu par les décrotteurs d'un département. L'irréductible ambitieuse devint politiqueuse, elle eut salon plein d'avocats et de gens de la conférence Molé, s'entoura d'auditeurs au Conseil d'État, groupant autour d'elle un essaim d'ambitieux à envergure d'Homais.

Cette Barbentane a tout renié pour devenir une chaussette politique; au lieu des portraits d'aïeux, on voit chez elle le chat-tigre Robespierre, le gorille Marat.

La couperose a enflammé son teint, et la rage concentrée assourdi sa voix, elle cherche d'un œil ardent, parmi les députés, celui qui sera le Gambetta prochain ; elle veut au moins finir maîtresse d'un tribun, pour se consoler de n'avoir pu être femme d'un roi. Mais la Providence qui veut un châtiment exemplaire au seul peuple de l'histoire assez bas tombé pour décréter l'*égalité*, ne permettra même plus qu'un bon cabot paraisse à la Chambre ; désormais, rien ne dépassera, la Médiocre a mis son niveau sur la société française. Qui sait, si nous ne verrons pas cette prétendante au trône, descendre dans la rue, recevoir de Louise Michel l'accolade de la déraison, et à défaut du palais, trôner dans un bouge, au-dessous d'une Marianne en plâtre ? Plus même, au jour prochain de la dynamite, la déesse Raison qui fera vis-à-vis à M. Ferry dans Notre-Dame transformée en *beuglant*, ne sera-ce pas cette même Dule qui, faute de l'hermine, aura endossé l'amazone de Théroigne de Méricour ?

Quand une passion s'accroit durant toute une vie, on ignore la parabole qu'elle décrira ; et Dule n'a que deux perspectives : la *Carmagnole communarde* ou le *Cabanon de Bicêtre*. Cette volonté égoïste d'ambition, en un temps de velléités et de mollesse, mérite remarque pour cette grandeur inhérente à toute conception, fût-elle folle, qui fauche tout d'une existence;

le génie comme la démence ne sont jamais qu'une
idée fixe; et devant la réflexion, les grands avortements
se spectaculisent en leçons plus suggestives souvent
que les succès et les victoires.

ÉDELBURGE-NINA

XVI

EDELBURGE-NINA

> — C'était un monstre?
> — C'était un bas-bleu!
> LES FLIRTEUSES.

Quand une femme n'est bonne, ni à la galanterie, ni au mariage, et qu'elle veut envelopper ses incartades d'un prestige artiste, ou poussée par la nécessité qu'elle ignore trop le piano pour l'enseigner, elle se fait femme de lettres.

Le bas bleuisme forme un demi-monde dans le demi-monde, on y tombe des hautes sphères sociales comme la comtesse Dash; on y monte des bas-fonds comme ***.

Il y a une rive gauche niaise, bigote et méchante qui pond chez Palmé, Blériot, Tecqui et autres déshonneurs des lettres catholiques, et une rive droite qui travaille dans l'érotisme et chante les cubiculées et les oarystis.

Une femme s'est rencontrée qui, à l'instar du colosse

PAGINATION DECALEE

Rhodien a pu mettre un pied sur chaque rive, pondeuse sans rivale, et parangon de l'espèce.

Au noble faubourg, Edelburge donne le pain bénit
à Sainte-Clotilde et fabrique pour les jeunes filles
honnêtes de la limonade littéraire, incolore, insipide
et déshonnête de stupidité ; au boulevard *Nina*, porte
une perruque rousse et donne à danser dans son en-
tresol de la rue Caumartin.

Elle écrit comme elle parle, sans pensée, sans image,
sans cesse ; la gaudriole comme l'histoire édifiante,
la vie des saints et la morale laïque, et tient enfin la
double succession de Camus, évêque de Belley, et de
Pigault Lebrun.

A la *Nouvelle Revue*, on la croit bonne citoyenne :
à la *Revue du Monde Catholique,* elle se recommande de
son confesseur ; singularité, Edelburge a de plus beaux
bénéfices que Nina. Le public se figure bien à tort que
les *bibliothèques pour les jeunes filles* et les *collections
de romans moraux* vont au chiffonnier ; plusieurs fois
l'an, les supérieures de communauté et les économes
de collèges religieux viennent à Paris acheter du foin
pour leurs troupeaux : d'énormes ballots, avec Feval
complet et converti, vont s'éparpiller dans les bibliothèques paroissiales : car le clergé français ne s'est pas
encore aperçu que le péché de bêtise était contre le
Saint-Esprit.

Certes, de tous les traits de mœurs propres à poser
un diagnostic sur l'époque, en est-il un comparable à
cette femme, attablée devant trois cahiers ouverts et

dont l'encre fraîche indique qu'elle les écrit de la même plumée, une phrase à chaque : l'*Aretin du faubourg Saint-Germain*, pour Kystemaeckers, la *morale sans Dieu* pour la librairie Nationale et *une Sainte-femme* pour Blériot.

Rien ne l'embarrasse ; avec Larousse pour seule bibliothèque elle suffit à toutes les copies.

Un seul point où ce duel soit un singulier; le patriotisme est une de ses carrières avec la libre-pensée : Gomberville se flattait de n'avoir pas mis le mot «car» une seule fois dans son *Polexandre*, Henry de Chennevières a supprimé *qui* et *que* en sa prose; dans la sienne, Nina a supprimé Dieu ! « Ne nommons pas l'infâme » telle est la devise de cette pourvoyeuse de bondieuserie idiote pour clientèle cléricale.

Quelqu'un parfois s'étonne que la rive gauche pareillement se dupe, oubliant que les jésuites ont, au dire de M. d'Aurevilly, pris fort longtemps Raoul de Navery pour un homme.

Ce qui sauve Édelburge, c'est sa monstruosité ; ceux qui pourraient démasquer Nina, sont trop pervers pour y songer; ils trouvent que la farce « est bien bonne » et lui prêtent la complicité de leur silence. N'y a-t-il pas plus de joie à sabler un champagne libertin payé par les petits seminaires; et souper de l'autel n'est-ce pas meilleur pour des mauvais?

Le double personnage qu'elle joue donne lieu aux plus amusantes facéties ; des critiques peu informés écrivent quelque chose d'analogue à ceci: «Tandis que

6

des femmes sans pudeur, oubliant la retenue qui est le premier charme de leur sexe, font comme Mme Nina rougir les honnêtes gens ; de nobles âmes telles que Mlle Edelburge se consacrent a la récréation en même temps qu'à l'édification des familles.

« Heureuse la plume dont rien ne sort qu'une mère ne puisse laisser lire à sa fille. »

On lit ailleurs, dans une revue mondaine et fringante : « Pour nous, en dépit des esprits chagrins qui mettraient un crêpe à la dive bouteille de maître Alcofribras Nasier, nous préférons la cavalière croustillance des contes de Nina, aux ineptes bafouillages d'une Edelburge imbécillisante. »

Dans la vie même, il arrive à l'écrivassière de confondre les répliques de son double rôle : un boulevardier rencontrant, en une maison amie, un curé de campagne venu pour quêter au profit de la reconstruction de son église, lui conseilla d'aller chez Edelburge, la romancière congréganiste par excellence et lui donna l'adresse de la rue Caumartin.

La pondeuse reçoit le vieil ecclésiastique, le corsage béant, la cigarette aux lèvres, et l'appelle « mon petit père » d'une voix à la Grassot. Le curé se crut tombé chez une fille, par erreur d'adresse, et n'osa pas raconter sa mésaventure.

Une autrefois, Talagrand envoie à Nina, un dépravé décavé qui, ne sachant rien faire, voulait écrire, et par distraction met l'adresse de la rue de Bourgogne, en lui disant : « Et pas de respect inutile, elle a vu péter le loup sur la pierre de bois. »

Le quémandeur tombe chez Edelburge, un mercredi, son jour de réception, et n'a pas de plus grande hâte que de se recommander de Talagrand : à ce nom satanique pour ce milieu dévot, une stupéfaction se peint sur les visages.

— Je ne connais M. Talagrand que par sa déplorable réputation d'écrivain licencieux ; et c'est la pire recommandation auprès de moi. Que voulez-vous au reste?

— Je voudrais placer chez Kystemakers, un livre de coprophagie.

— Assez, Monsieur, — s'écrie Edelburge, — il y a quelque méprise là-dedans, elle le reconduit, lui soufflant bas : « allez chez Nina, rue Caumartin, » puis rentrée au salon, elle s'exclame.

— A quoi n'est-on pas exposé en ce Paris! Écrivez donc sous l'œil approbateur des grands vicaires pour recevoir de si offensantes visites. Oh ! que les hommes sont grossiers et impertinents ! Voilà des conduites de leur goût... » et toute une tirade qui donne le change aux assistants. Malgré leur nullité littéraire, les curieux collectionnent certains ouvrages de Nina; la hâte de sa double production la fait se tromper de feuillets et mettre une phrase qui lève la jambe au milieu d'une page prêcheuse.

Ainsi les premiers exemplaires de *Tendre mère* présentaient à la page 85. «— Oui mon enfant, dit l'aïeule en la baisant au front, tu seras le bâton de ma vieillesse. » Puis.

« Elle s'habillait en homme pour recevoir les vieux; et pour les jeunes se poudrait; ce qui est très profond, car... »

Une dévote grande liseuse de nouveautés permises aperçut la première la phrase inouïe et s'en vint avec grands gestes la montrer à l'éditeur; Edelburge appelée accusa le compositeur, on rompit le brochage et on fit un carton.

Edelburge, depuis cet écart, relit soigneusement ses manuscrits vertueux; pour les autres, elle a moins de soins, ainsi sa *Nuit d'orgie* a pour dernière ligne de la page 103.

« Alors la bacchanale commença, » et le feuillet tourné, le lecteur qui s'attend à la description phallique se croit la berlue, devant ces lignes :

« Calme intérieur où les murs sentaient la vertu, où les choses elles-mêmes exprimaient l'honnêteté; des fleurs dans un pot, un oiseau dans une cage, un travail d'aiguille qui vous nourrit, et un ruban pour le dimanche aller à vêpres, n'est-ce pas assez pour bénir le Créateur qui, dans sa prévoyance, n'oublie rien ni personne. Elle sentait bien, la belle enfant, que ce moment de sa vie était la meilleure tartine, et que la huche de l'avenir ne contiendrait pas toujours du pain aussi mollet. Aussi bénissait elle Dieu, matin et soir, soir et matin, et même pendant le jour, lorsqu'elle y pensait et n'était pas distraite par quelque chose. »

Edelburge, à quarante et un ans, a écrit trente volumes in-18 pour édifier les âmes pures, et à peu près autant pour lubréfier les imaginations de lycéens. Réunissant les nouvelles éparses dans les journaux, on arriverait à quatre-vingts volumes d'environ trois cent cinquante pages chacun, et il n'y a que quinze ans qu'elle écrit. Si Edelburge pond jusqu'à soixante-dix, la Bibliothèque nationale lui consacrera une armoire spéciale. Or, cette mère Gigogne n'est pas une exception dans le sexe auquel M. Légouvé doit sa mère ; elles sont une centaine de moulins à copie, et si aucune n'avoisine cette production monstrueuse, c'est le débouché et non la faculté prolifique qui fait défaut.

Grâce à l'idiotie des gouvernants, à leur enseignement secondaire de jeunes filles, la littérature de 1898 sera encombrée d'une légion de déclassées incapables de recoudre un haut de chausse et de faire un pot au feu, et qui, pédantes, puisqu'il ne peut y avoir de femmes savantes, tomberont du pupître au trottoir ; car une douzaine d'Edelburge suffiront à pondre tout ce qui se consomme en France de littérature bête. Un millier devra se nourrir d'hemistiches de Virgile ou de la bourse du passant. En attendant l'invasion des bas-bleus, Edelburge-Nina reste le type le plus complet de la ponderie ; et la pondeuse déshonore le métier. Elle peut faire vite, beaucoup et partant à vil prix ; et comme on veut l'égalité en France par-dessus toute chose, je ne jurerais pas qu'un jour prochain Edelburge ne passe pour un écrivain français.

Déjà les Etats-Unis l'ont reçue avec bourgmestres
et pompiers, et les Yankees pensionneurs d'un méca-
nicien, pourraient bien frapper une médaille en l'honneur de la littérature mécanique. M. Bouguereau en a
promis le dessin, et M. Ohnet la légende!

BLANDINE

XVII

BLANDINE

« Voilà mon soleil d'Austerlitz qui
se lève, dit-elle, et ce soleil ne s'est
pas encore couché. »
LES FLIRTEUSES.

Les crapules de la Révolution ont senti le besoin de
donner des sophismes pour rainures à leur couteau, et
Blandine voudrait avoir le droit de tromper son mari ;
car, les femmes aussi bien que les foules veulent s'es-
timer même en leurs méfaits, et faussent d'abord leur
conscience, comme elles corrompraient le témoin nécessaire de leur crime ; leurs notions morales, une fois per-
verties, n'accusent plus et deviennent complices.

Blandine ne se sent pas attirée bien vivement vers l'a-
dultère ; mais l'idée que s'il s'en présentait un satisfai-
sant, elle ne pourrait pas, devant son propre jugement,
s'y livrer, la bourrèle. Le *prétexte* que la femme se mé-
nageait toujours dans la vie conjugale du siècle dernier
où il n'y avait que l'apparence à sauver, a été remplacé
par la *mauvaise raison* qu'on se donne à soi-même, en
ce siècle où l'on prend le chiffre pour le nombre et où

7

PAGINATION DECALEE

les mystères se pèsent officiellement comme les denrées, dans les mêmes balances d'épicier.

Qui veut tromper son mari l'accuse d'infidélité et Blandine guetta le sien; à sa grande déception, elle constata tout de suite qu'il était fidèle. Plaisant embarras, réel pourtant; l'éducation avait ancré chez elle une notion de justice relative. Susceptible de pratiquer la loi de Lynch du mariage, elle n'eut pas manqué au devoir la première. Combien d'amants qui ne se quittent point parce qu'aucun d'eux ne veut avouer qu'il n'aime plus; il y a une telle infériorité à se démentir d'un sentiment ou d'un devoir, qu'un peu de fierté resserre plus de liens que la vraie passion. La femme honnête homme n'est pas honnête, non plus que le serait l'homme, honnête femme : donner le billet à La Châtre et rendre un dépôt d'argent sont des traits beaux en mauvais lieux, de ces vertus de grande route, insuffisantes à des mœurs polies.

Un *caballero del noche*, vous prend votre portefeuille, mais vous donne une provision de cigares qui vous manquait, cela est fort piquant sur une route d'Andalousie; on ne s'en accommoderait pas tous les jours à Paris. Or, la tendance des femmes à caractère accusé est de considérer la trahison de l'époux, comme une charte octroyant la réciprocité. Les erreurs de jugement ne sont guère que des pentes de tempéraments où la raison glisse; et la femme qui plusieurs fois dans le mois a rencontré des galants dont l'étreinte lui serait plus voluptueuse que celle du mari, méprise tout de

suite l'homme qui a moins de vertu qu'elle même. Si
Gothon pouvait être trompée pour la reine de Saba,
elle crierait encore qu'il faut avoir un goût dépravé et
qu'elle valait mieux : les plus clairvoyantes laissent
percer l'intime persuasion de résumer en elles le temple
et le bouge, le vice et le sacrement ; et je ne sais pas si
jamais aucune a convenu de son infériorité, en face de
la rivale.

Blandine veut absolument que son mari soit infidèle;
elle a provoqué les tête à tête avec ses bonnes amies,
combiné des parties de campagne, des *rallye-papers*
ou l'adultère masculin était le programme inavoué ;
le mari peu sentimental et peu voluptueux, s'amuse
des avances qu'on lui fait, et recule, n'ayant aucune
envie de voir si ce serait la même chose, en changeant !
Blandine s'exaspère. N'est-elle pas à plaindre d'avoir
en partage un des rares époux de bonne foi ; car la
femme ne comprend que la fidélité dans la passion, et
il y a beau temps que l'amour a pris entre eux les pa-
ternes allures conjugales. Elle se méprise d'être unie
à un si pauvre personnage, qu'il n'ait plus de tentation à
quarante ans et finit par le déclarer bourgeois, ramolli
et digne de tous les traitements. Celui-ci s'étonne aux
bourrasques d'humeur qu'il essuye, mais en habile
homme qui veut son repos, il se dérobe; Blandine en-
rage ; cette ironie des circonstances qui ne manque à
aucune vie multiplie les occasions, une semaine ne
passe qu'elle ne trouve une heure de sécurité peccami-
neuse avec quelqu'un qui lui plait; et forcée à ses pro-

pres yeux de refuser, elle va pestant; une italienne ferait peut-être une neuvaine, Blandine n'a pas assez de foi pour vouloir que le ciel pactise avec son cœur, et trouve, après de grands efforts d'imagination qu'en tout il faut s'adresser au spécialistes. D'une écriture déguisée, elle mande à mistress Rocking, la directrice de l'*Erotic Office* (1) qu'elle veut un rendez-vous avec M. de Sernhac et ajoute trois mille francs. Quelques jours passés, elle se croit volée, quand elle reçoit un mot lui annonçant que son mari l'attendra à l'*Erotic Office* à trois heures. Elle se couvre de voiles épais, va au rendez-vous et trouve M. de Sernhac qui l'attend; la porte se referme sur eux.

— Madame, — dit de Sernhac, — je ne croyais plus être distingué et on est toujours reconnaissant à quarante ans de cela; vos voiles ôtés, ma reconnaissance doublera; j'en jure.

D'un geste fatidique. Blandine se dévoile.

— Maintenant, Monsieur, — dit-elle, — j'ai la preuve que vous pouvez me tromper, j'ai donc le droit aussi de vous tromper. »

Et sur cette déclaration faite d'un grand air, elle sort. Sernhac assez inquiet s'attend à des scènes et s'étonne du calme de Blandine qui se comporte comme si la scène de l'*Erotic Office* eut été rêvée, non vécue.

Tout un mois elle se complut dans la répétition de cette certitude, « j'ai le droit. » Puis elle songea à en

(1) V. L'*Erotic Office*, p. 162, dans CURIEUSE, *Décadence latine*. Tome II.

user; mais les circonstances, ces terribles espiègles, auparavant si propices, dès lors ne se représentèrent plus; il manqua toujours quelque chose au péché. Malade une fois, l'autre, mal soignée; ou bien le galant eut un mot maladroit, le geste grossier; quand le moment fut favorable elle n'était point disposée, et quand elle fut en humeur de faillir, l'instant fut mauvais: un désir s'use et le sien est allé en perdant son acuité: *plaisir permis déplait et plaisir retardé déprend.*

Enfin, elle n'y a plus pensé du tout : et ce cas est celui de beaucoup des femmes honnêtes : le vice lui-même a ses heures de vertu, la vertu ses heures de vice; Don Juan peut passer aux premières, vainement, le balourd aux autres sera vainqueur. Toutefois il est dans le caractère féminin de faire payer sa vertu, fut-elle forcée, comme sa supériorité, serait-elle contestable; et Blandine a reporté son expansion nerveuse sur l'intimité conjugale. Elle a sa mauvaise raison; et grinchue, pointilleuse, détestable, évoque au début de toute altercation le souvenir de l'*Erotic Office*; M. de Sernhac subit les humeurs avec la résignation d'un coupable. Grâce à cette épée de Damoclès qui tombe dans les discussions et les coupe à son profit, Blandine porte les chausses, gourmande et contrecarre, impunément.

Plus on vieillit plus on a d'amour-propre en matière de fidélité, et savoir tirer parti d'une menace perpétuelle pour l'honneur du mari, appartient à la plus haute politique du jupon. En son *Traité de la Prin-*

cesse, le Machiavel de la femme, M. d'Aurévilly, montrera aux contemporaines le parti à tirer d'une faute de l'époux; dans toute passion qui persiste après que le grand feu est passé, on peut voir duchesse et lingère s'ingénier jusqu'à ce qu'elles aient mis l'homme « dans son tort », comme dit le peuple.

Antithétiquement, en son *Traité de l'Amant*, les décades du tribun d'amour, Armand Hayem dira l'art de n'avoir jamais tort.

Malgré ces deux lumières sur la conduite conjugale, les Blandine auront toujours « un soleil d'Austerlitz »; l'escrime du mariage, corps à corps perpétuel, verra toujours le plus lâche l'emporter, et l'homme n'aura jamais tout à fait le courage de faire souffrir, qui seul donne la victoire aux luttes intimes.

ASTÉRIE

XVIII

ASTÉRIE

Entre la luxure et la colère, mon
Révérend ?....
LES FLIRTEUSES.

A mesure qu'on monte l'échelle sociale, les passions plus policées perdent leurs expressions tragi-
ques ou grotesques : la femme de haute éducation
ne vitriolera pas; Othello mondain chassera ou quittera
sa femme, simplement. Toutefois, la différence pas-
sionnelle vient des mœurs, non des âmes. Deux mar-
quises crépiteront d'épigrammes, là où deux lavan-
dières se fesseraient; et cependant, quel niais ne serait
persuadé qu'il y a eu plus d'affront et de douleur au
boudoir qu'au lavoir. Un gars qui fait sa cour pincera
celle qu'il aime de toute sa force, celle-ci le talochera
à lui enlever la joue, ce sont gens qui s'aiment bien et
se le prouvent; de même le jeune lord fera sa cour en
tenant l'écheveau de sa fiancée, et s'.l va plus loin que
le baise-main, sera jugé brutal et libertin.

Qu'un psychologue traverse la rue de la Goutte-d'Or :

8

PAGINATION DECALEE

par les porches et les fenêtres, toute l'intimité de l'ou-
vrier vient au devant de son observation; mais avenue
d'Eylau, par exemple, son œil fouillera les façades
muettes sans trouver un indice sur les habitants; ils
sont riches puisqu'ils ont un hôtel, mais sont-ils
avares, prodigues, jaloux, et derrière ces murs, quelles
passions s'émeuvent, quels vices jouissent, quelles
vertus se morfondent?

Excepté sous la tonsure, l'être passionnel demeure
presque semblable de fond, en toute la hiérarchie
sociale : l'histoire des peuples n'est que le roman de
leurs chefs.

Le Peau-Rouge met du génie dans sa façon d'appli-
quer la torture physique; le civilisé est tout aussi terrible en torture morale, pour qui sait voir. Un mari
dit à sa femme : « Princesse, vous déshonorez mon
nom », il frappe plus fort que le roulier en criant :
« vache, gadoue ». Sous les plafonds à caissons sculptés,
derrière les lourdes tentures des palais armoriés, il y a
des injures, des cris et des coups.

Parfois un vent de colère souffle à l'hôtel..., des
éclats de voix vont jusqu'à l'office, on entend des étoffes
se déchirer, et le lendemain il y a des potiches brisées
dans la chambre de la marquise Astérie.

Les domestiques eux-mêmes croient que les oreilles
leur ont tinté et qu'ils voient doubles les débris qu'ils
ramassent, quand passe devant eux, d'une allure de
nonne, la marquise sereine.

Née à Brujes, près de ce béguignage peint par Camille Lemonnier, grande et belle avec l'éclat de ses vingt-deux ans, elle a gardé dans le mariage quelque chose de claustral. Sa voix est douce, elle se passionne peu; se plaint parfois de douleur au cervelet; rejette prise d'une terreur subite un livre passionné ou interrompt brusquement une conversation sur l'amour.

Ceux qui la fréquentent ont remarqué, qu'à certaines périodes, Astérie semble prise subitement d'un désir de libertinage à peine contenu : Lors elle semble avoir peur d'elle-même; le moindre tête à tête avec un homme l'effraye; le schekand des amis de la maison la fait tressaillir; on lit dans ses yeux l'effarement d'un être qui ne se gouverne plus et tremble de tomber aux premiers bras ouverts.

— Madame a son tic, il va y avoir de la casse — disent alors les domestiques. En effet, des scènes violentes se produisent entre le marquis et sa femme; et le lendemain Astérie reparaît la plus placide des Flamandes.

La périodicité de ces colères et l'humeur égale et douce qui les suit; ces troubles luxurieux et la vertu qui les contraint, constituent un problème singulier. Vieille méthode que d'éclairer le caractère de la femme par celui de l'époux; excellente pourtant, car la cohabitation qui accole mortelement deux êtres, les surbordonne toujours l'un à l'autre, en quelque manière. Il y a entre les gens mariés, une paix armée comme entre les puissances actuelles; et la diplomatie de l'alcôve a moins de Talleyrand que celle des cabinets; telle contenance concessionne; tel mutisme défie. Le marquis un lymphatique, de complexion peu amoureuse, sans initiative dans la vie, a besoin d'être poussé aux choses qu'il fait.

Interroger un confesseur serait l'insulter; un médecin et matérialiste comme Pouancé, je l'osai.

— C'est un cas curieux — me dit-il, — et je vous l'expliquèrais si vous ignoriez les noms propres.

— Docteur, je ne le dirai à personne, je l'écrirai.

— Eh bien ! — fit-il, — écrivez que chez la marquise Astérie le cervelet est opprimé, parce le mouvement centrifuge l'emporte sur le mouvement centripète.

— Ce qui signifie à peu près que l'influx nerveux, dans les périodes d'exubérance organique, tombe sur l'organisme sexuel et détermine un éréthisme local, mais cela n'explique pas les scènes qu'elle fait à son mari.

— Et vous êtes romancier — s'écria Pouancé, — et vous ne savez pas à quoi aboutit une dispute conjugale?

— A un raccommodement :

— Et — reprit-il, — comme il y a qu'un mode pour se raccommoder qui est le... corinthien.

— J'entends. La marquise Astérie a des moments de besoin sexuel ; son mari lymphatique ne devient amoureux que sous l'effet d'un cataclysme d'humeur ; et elle le fait mettre en colère pour le rendre aimable.

— Oui — dit Pouancé redevenu sérieux — celle-là allume son mari par la colère; une autre par la gourmandise; une autre par l'orgueil; une autre par l'avarice; une autre par l'envie ; une autre par la paresse. J'en

connais qui usent des petits plats épicés ; j'en connais
qui mènent l'époux au bal et là le rendent fier d'une
femme si vantée ; j'en connais qui sont réduites à faire
comprendre cet étrange argument « je ne coûte rien » ;
j'en connais qui s'entourent de galants pour ramener
l'époux, et celles qui ont l'art de dire « je suis toute
trouvée ».

« Cette misérable question organique, on l'élude dans
le roman, dans la vie elle domine tout. Qu'on me dise
l'histoire sexuelle d'un être, je devinerai le reste ; autour de cet acte, toute la société évolue les sentiments
et les idées, rayons de la roue de fortune, c'est là le
moyeu.

« Messieurs les métaphysiciens cherchez les complé-
mentaires du prisme humain, qui n'est que la grande
tache rouge que met le sceau de la brute sur vos rêves
et sur vos sacrements. Le mariage sanctifié, mais ce serait trop beau ! L'honnête femme est à un seul ; mais
avec celui-là elle se comporte comme une légion de
diables ; l'instinct de la conservation, c'est détruire le
voisin, et le mariage est un champ clos où deux ins-
tincts également égoïstes, s'assassinent ! »

HILDEGARDE

XIX

HILDEGARDE

« Son vrai nom est Héliotrope, et
son soleil d'amour, la célébrité. »
LES FLIRTEUSES.

Ses yeux n'ont jamais vu un homme, qu'à travers un
livre.

Son cerveau, un cabinet de lecture, la boutique de
Mᵐᵉ Cardinal, où Antony, Patrick, Ryno, Rubempre,
Albert de Ryons, Axel, coudoient Hamlet, Faust, Man-
fred, Olympio et Cœlio. Inutile de lui parler d'amour
si l'on ne se grime en héros de roman.

Toujours hantée d'impossible, obsédée de roma-
nesque, l'imagination lubréfiée par la lecture désor-
donnée de tout ce qui s'imprime sur la passion et les
mœurs, Hildegarde apparaît la grande possédée sentimentale.

Elle ne vit pas sa vie : elle la souffre comme une
damnée ; tempérament de déclassée, prise dans l'engre-
nage d'un monde régulier et pointilleux, elle épuise son
peu de raison à dissimuler la bohême qu'elle est.

9

PAGINATION DECALEE

Si le plus faux des esprits, Jean-Jacques, a pu dire :
« Il faut être heureux, cher Émile, c'est le soin de toute
âme sensible, » du moins il ne savait pas un prétendu
moyen de terrestriser le paradis.

Hildegarde conçoit fort clairement le mode de sa
béatification : courir le monde, une guitare au dos, en
compagnie de poètes des Fêtes Galantes « par le chemin
des vers luisants, » découverte de M. de Banville.

A son coucher, elle gémit, songeant à une paillère
dont le toit laisse entrevoir les étoiles; son verre de
cristal vénitien lui est odieux. Oh ! boire dans le creux
de sa main, et l'essuyer amoureusement aux lèvres d'un
tzigane ; elle voudrait le hâle sur ses blanches épaules,
et les œufs de Mignon sous ses pieds quand elle danse !
Las, le Destin la force au lit de Diane de Poitiers, au
vieux bordeaux, à la peau la plus lylienne et aux bals
d'ambassade.

Je défie bien qu'en redingote, et dans un salon, on
intéresse Hildegarde. Belle de nuit, son âme ne s'ouvre
qu'au clair de lune. Chanter faux sous sa fenêtre vaut
mieux que tous les *ut* de concert. Sa devise contient un
programme : « *Any where out of the world.* »

Les femmes ne sont pas illogiques; seulement elles
partent du pied de l'absurde. Hildegarde voulant une
vie en rêve et la réalité des fictions, s'adresse aux rêveurs
et aux artificiers du grand mirage passionnel. Au prime
aspect, qui aimera mieux que celui-ci, merveilleux
peintre des ivresses; qui décevra moins que celui-là,
obstiné prêcheur de l'amour quand même et suprême ?

Hildegarde belle, noble, riche, réputée, possède tous
les modes qui facilitent l'interview amoureux; et je ne
sais pas une célébrité à laquelle elle n'ait posé l'énigme
de son désir idéal.

Soit qu'elle se fasse présenter officiellement un au-
teur, puis l'invite intimement à Saint-Gratien, soit que,
d'une façon anonyme ou pseudonyme, elle relance l'artiste jusqu'en son sixième, jamais, jusqu'ici, on a vu
durer un de ses enthousiasmes; ni le génie, ni la jeunesse, ni la perversité ne l'ont pu fixer un moment.

Elle poursuit inquiètement sa recherche de Lohen-
grin parmi les contemporains notables; aucun ne lui
est apparu, en armure de diamant.

L'observateur se surprend à la croire un peu fêlée et
seulement éprise de quelque monstruosité ou sublimité
au-dessus de notre nature, également infirme aux
grandes élévations et aux extrêmes horreurs! Non!

Hildegarde se figure simplement l'écrivain ou le sculpteur exactement semblable à son œuvre.

Supposons que les effluves de *la Terre* lui aient monté
au cerveau, et qu'elle approche M. Émile Zola; elle
s'attend à un blasphémateur bruyamment scatalogique
et trouve un misanthrope laborieux. Déception.

Des père et mère, ça, c'est ça que l'on révère !

Sur la foi de ceci, elle conçut Jean Richepin sous les
traits parricides et infanticides; quand elle le vit ce fut
en père joyeux, jouant avec son fils comme la tradition
le raconte d'Henri IV. Déception!

Un jour elle rêva de X..., Paul de Kock en vers qui
certainement devait jeter sur le lit, sans aucune forme
de cour, ses visiteuses. « Au moins celui-là, pensa-t-il,
ne décevra pas. » Las, celui-là fut infiniment respec-
tueux.

Bien au contraire, le général Brumaire qui déjà du
ministre brisait le masque de fer, de loin semblait Bonaparte ; de près, ce fut Washington.

L'entêtée chercheuse descendit même aux gens de la
politique ; le plus acerbe des éreinteurs ne lui parla que
des van der Meer, des Terburg, en vrai critique d'art
épris du calme Rotterdamien ; celui qu'une voix una-
nime proclama un moment le seul de poigne assez forte
pour renier le pays, elle sut qu'il ne reniait point sa femme.

Elle donna des rendez-vous à des acteurs en cos-
tume : Hernani lui dit : « Vous n'êtes pas la première
femme du monde que je... » et Perdican : « d'abord si
nous soupions ! »

Elle aurait certes poussé son audace jusqu'aux cri-
minels, si quelqu'un avait voulu ouvrir le cachot d'un
Pranzini, à sa curiosité. Un assassin tel, dont le portrait s'enlève à douze mille et s'accote en outre avec
celui des monarques régnants, pour les nerfs d'une
femme c'est presque irrésistible !

La monographie de cette fêlure serait longue, si on
avait la patience d'en analyser les phases.

Un temps, Hildegarde suscita à certains auteurs, la
réalité d'un désir exprimé au milieu des boutades d'une
conversation d'hommes.

— A quoi rêves-tu — disait une fois Saint-Meen à Talagrand.

— A une femme inconnue qui m'appellerait, et sans me laisser la saluer me sauterait au cou ; je parie de ne pas être étonné.

Hildegarde tint le pari ; mais Saint-Meen s'étonna si fort qu'il en parut bête et il n'en fut rien.

Elle ne demande, pour se donner, que l'homme de son œuvre, que l'on fasse les actes des paroles : et par cette seule exigence elle se barre tout adultère.

L'extrême de son idée serait d'aimer finalement son sportman de mari: « celui-là du moins a de la continuité, pensât-elle amèrement, il est identiquement bête du matin ou soir, du dire ou faire. »

· Victime du livre et du théâtre, trop idéale pour se contenter des partenaires courants du doux péché, trop profanement passionnée pour s'éprendre du devoir, elle provoque la faute, la poursuit, d'après un scénario de littérature ou de rêve que l'occasion dément.

Entre la création de l'écrivain que la vie ennuie et la vie elle-même, il y a un courant de banalité où tombe toujours Hildegarde.

Les superficiels là'diraient hystérique ; mieux douée que la plupart des femmes, elle tend à saisir l'attirance entrevue. D'ordinaire, l'incomprise regarde du regard intérieur fuser le troupeau galopant des chimères et se résigne. Hildegarde se révolte et voudrait suivre les sphinges. Aux valses de Bramhs, elle n'imagine comme finales que la chevauchée dans la Pusta, en croupe avec un madgyar.

Cette formidable excitation de la vie élégante et lettrée, sans presque de danger pour les chlorotiques, fouette le sang des nerveuses et les monte à un état d'éréthisme crispé.

A l'aube de notre ère, gloire inégale mais belle, Hypathie et Étienna la pythagoricienne et la martyre tiennent haut le prestige de la féminité. Au crépuscule du soleil latin, il n'y a plus de pythagoricienne ni de martyre.

L'esthétique devenu la dernière forme tolérée du divin, la femme au-dessous du devoir fervent, n'a plus d'autre élévation que son niveau passionnel de vibration. La décade transfigurée en langage de feu, au cœur de sainte Thérèse, n'est plus qu'une théâtrale récitation de Lélia; les Hildegarde, jadis, eussent été grandiosement prises de la folie de la croix, leur cœur est tombé à la folie du roman. Il n'y a plus de mystique : voici les romanesques, loué soit M. de Voltaire et les drôles, ses tenants !

TELMIE

XX

TELMIE

Sa vertu, de la peur, comme certain
courage n'est que la crainte du
conseil de guerre..

LES FLIRTEUSES.

... Oh! ajoutez au total des pécheresses effectives,
celles qui ont pour patenostres, matutinales et vespé-
rales « si j'osais. »

Telmie n'ose pas. A une amie très sûre (du moins
le croyait-elle) elle fit un jour cette confidence générale.

— « Chère, l'envie ne m'a jamais manquée, mais
bien la sécurité; il ne suffit pas de deux bouches pour
un baiser, il faut encore une circonstance favorable, et
je suis l'amoureuse la plus enguignonée...

« Même, je fus très précoce, à dix-sept ans le classi-

10

PAGINATION DECALEE

que cousin, qui profite des intimités de la vie de château pour enjôler sa jeune parente, me chanta sa ro-
mance; j'aurais timidement, sentimentalement répondu,
si j'avais ignoré que bien moins riche que moi, sa famille le poussait pour le bon motif. Tu comprends
qu'une jeune fille, quelle que soit sa bonne volonté, ne
peut se prendre à des fadeurs qui cachent des affaires,
et se donner en sacs, non en corps.

« J'eus encore de belles occasions de ne pas porter
jusqu'au sacrement mon estampe avant toute lettre;
plusieurs jeunes hommes mariés m'auraient plu, auxquels je plaisais; seulement Perrette que Perrette, je
ne voulais pas risquer mon pot au lait avec qui n'aurait
pu me rendre chien, cochon, couvée.

« Aussi quelle hâte de mariage; j'aurais pris un singe
coiffé; M. de Saint-Brieuc me demanda, mes parents
acceptèrent; enfin, m'écriai-je intérieurement, pendant
la cérémonie, » je vais donc pouvoir aimer. » Eh bien!
pas du tout, ma chère! Décemment, on ne peut pas, en
voyage de noce, s'évader du devoir, et quand nous
revînmes, j'étais enceinte. Le docteur me conseilla de
nourrir. Après le sevrage, je respirai; mon mari avait
repris son train du cercle et de commerce discret avec
les petites dames des petits théâtres.

« Ce que je déployai de bonne volonté suffirait à
donner la paix à la terre et n'a pas suffi à me donner
un amant. Le premier après un peu de marivaudage,
me pria de venir chez lui; j'y allai, à son seuil je croisai
une cocotte qui en sortait, je ne rentrai pas. A-t-on idée

d'un homme assez peu délicat pour ne pas se réserver
à la femme qui risque sa réputation pour lui.

« Le second, un jeune magistrat m'emmena dans un
hôtel de la rue d'Athènes; à peine étions-nous enfermés
qu'une terrible dispute éclatait à l'étage supérieur, avec
cris « au secours, à l'aide », et la maîtresse du garni
hurlant à son garçon : « allez chercher la police. » Je
n'eus que le temps de me précipiter toute chiffonnée
dans un fiacre de la station d'Amsterdam.

« Un autre, sur mes refus de venir à l'hôtel ou chez
lui, me proposa le fiacre. Oh! pauvre chère, quelle
horrible manière de s'aimer que cette boîte cahotante
aux stores baissés. On se froisse, on se malmène sans
plaisir. Cependant j'allais connaître enfin l'adultère,
quand le cocher se pencha soufflant avec un air à la
fois drôle et effrayé : « Bourgeois, il y a de la rousse
qui file, vite rangez-vous pour lever le store de droite. »
Je croyais que c'était là une détestable farce, mais mon
compagnon m'affirma que les voitures de louage
n'avaient pas le droit de se fermer ainsi, et que la police avait celui d'y entrer et de dresser procès-verbal
comme attentat à la pudeur, en lieu public.

— Tu n'as pas songé aux plages — lui dit son amie —
ce qui est impossible presque toute l'année, se réalise de
juillet à septembre, entre le Havre et Biarritz.

— Oui, bien, j'y ai songé ! Mais je ne peux me rési-
gner à l'acceptation des basses connivences. Le sourire
d'un garçon d'hôtel, le regard narquois d'un batelier,
la moindre blague d'un baigneur me coupent... l'amour.

Je me résignerai jamais aux clins d'yeux d'intelligence que nous font les auxiliaires obligés de l'adultère, non plus qu'aux forfanteries d'un amant.

« Celui que j'aurais le plus aimé, et qui se rencontrait en des circonstances plausibles, celui-là, devant qu'il m'eut possédée, s'en vantait déjà. Me donner à lui, c'eut été donner du rire à ses camarades auxquels il eut raconté comme je fais ceci et comment était fait cela. Non pas ! je vaux et je veux un peu plus de mystère.

— Enfin, — reprit la confidente, — ne peux-tu donc, Telmie, condamner un jour ton boudoir et recevoir l'homme aimé. Quand tu as dit, après son arrivée, « je n'y suis pour personne, » ton valet de chambre ne te sourira pas pour cela, du sourire d'un acolyte.

— J'ai essayé, te dis-je ! C'est détestable. Les baisers coupés par des bruits alarmants, à la minute où cela devenait doux, ma fille qui entrait brusque criant d'une bosse qu'elle venait de se faire en jouant. Non, vois-tu, les risques sont trop grands à courir : j'attribue aux pratiquantes de ce jeu qui serait charmant s'il était moins difficile, une insouciance de soldat qui va au feu.

— Poltronne, — dit l'amie.

— Sage, — fit Telmie, — de la vraie sagesse. Ma considération, mon repos, valent-ils pas mieux qu'un douteux plaisir. Le jour où il me soupçonnera, M. de Saint-Brieuc ne deviendrait-il pas tout autre. Il paie mes notes sans discuter, parce qu'il croit payer son honneur intact.

« Quand je ne pourrai plus me draper dans ma vertu, il trouvera l'addition de Redfern trop forte.

— Tu me fais de la peine, vraiment, — dit l'amie, et je te veux aider. Je suis veuve; je t'offre mon boudoir et ma surveillance.

— Cette fois ou tu as une arrière-pensée vilaine, ou tu ne tiens pas à mon amitié.

— Telmie !

— Confidente de choses non avenues, je ne suis pas si sotte de te faire ma complice.

— Tu m'offenses, Telmie. Quelle arrière pensée ; je suis aussi riche que toi, je ne convoite pas ton mari...

— On n'est pas si charitable pour le plaisir de l'être. Et, avoueras-tu, si je devine, le prix de ton silence, le prix de ton aide.

— Eh bien! soit! dis, j'avouerai si tu touches vrai.

— Tu m'offres ton boudoir pour... avoir l'œil au trou de la serrure... Tu vois, je suis timorée, mais pas si sotte. Non, ma mie, je ne veux ni témoin, ni complice : et resterai, oh! bien malgré moi, une prude femme.

— Espère, — dit l'amie, — l'amour te doit une revanche.

— Une revanche — soupira Telmie — ce serait douze heures sans crainte, sans irruption possible, dans un boudoir à mon goût, le soir, après un gentil souper, avec un homme discret, servi par des muets et pourvu d'une concierge aveugle... Et comme les rêves sont malsains, prenons du thé et que ma vertu me soit comptée là-haut,

puisque je n'ai pu ici-bas la démentir, forcée et méri-
toire cependant...

Figure-toi, que dernièrement au confessionnal, on
me fit remarquer que je me trompais; oui, je me frap-
pais la poitrine, répétant : ce n'est pas ma faute, oh !
pas du tout, ma faute...

CÉLARINE

XXI

CÉLARINE

— La perversité féminine révulse donc
ainsi les commandements?
— Oh! un seul : « L'amant ou le mari
d'autrui tu prendras et retiendras à
ton escient. »

LES FLIRTEUSES.

Cette froide personne, toujours en intrigue et redou-
tée des jeunes ménages comme le cri de la chouette, au
lit des malades, apparaît-elle dans un milieu, tout le
monde cherche à découvrir la passion ou passionnette
qu'elle vient traverser. Dire « là, Célarine fréquente »,
se synonimise avec « il y a adultère sous jupe ».

Très jolie, originalement élégante, coquette expres-
sive, Célarine passe pour irrésistible, quand il lui plaît
— il ne lui plaît qu'à déranger les autres.

Les envieux-nés, dès l'école disent au camarade, — je
veux ton gâteau! — Tu as le même! — Je le veux parce
qu'il est tien. — Seulement le gamin prend et mange; et
Célarine prend pour prendre. Son mari le premier a vu
les effets de son vice; il retourne bientôt après le
mariage, à un ancien errement personnifié en divette

11

PAGINATION DECALEE

des Menus-Plaisirs. Célarine, qui se souciait peu de
son époux, le voulut tout à elle dès qu'elle le sut à une
autre. Quand elle eut vaincu, et la divette licenciée,
elle referma la porte de sa chambre à coucher.

Aux amis qui s'étonnent de le voir changer de
maîtresse comme par ordre et malgré lui, ce mari au dam
singulier : « Dès que je m'attache, ma femme me veut
reprendre, et comme je trouve humiliant d'être sitôt
repris, sitôt lâché, force m'est d'aller de passade en passade. Ainsi, ma chère moitié ne saurait convoiter en
moi le bien d'une autre. »

Cette conduite conjugale devant les mi-collages du
viveur, annonce une forme d'envie intense et folle, en
de la passion ingnée.

Vraiment, au racontar d'un amour vivant et sûr, il se
fait chez Célarine comme une révulsion des humeurs.
Sa lèvre se sèche, l'œil brille et se mouille, le
sein bat, le geste s'enfièvre : on la croirait prise d'une
émulation sentimentale qui va se manifester romanes-
quement. Point, c'est une envieuse, non une amoureuse qui s'éveille.

Lors, quelle chatterie aux agissements ! Ni ca-
resses, ni démarches ne lui coûtent pour s'immis-
cer dans le deux à deux : et la bonne amie et complice!
Elle favorise avec un courage où l'audace le dispute à
l'habitude, lettres et rendez-vous : elle se charge des
courriers et même prêterait son boudoir. Elle devient
indispensable aux amants, confidente et comme acolyte; bientôt elle reçoit la double confidence de la tra-

gédie classique, et il leur semble à tous qu'il est bien et normal d'être trois, car Célarine sait ne jamais gêner. Vient toujours une brouille, la bonne amie exaspère séparément chacune des deux vanités qui se sont blessées.

A l'amante : « C'est moi qui ne pardonnerais pas et qui tiendrais rigueur... » A l'amant : « C'est moi qui serais incapable, si j'étais aimé par vous, comme elle l'est, d'être si injuste. » A ce propos, le dépit amoureux conseille à la vanité qui veut se mettre un baume : l'exaspération de l'homme tourne au désir de cette amie si apitoyée; on s'attendrit, et le dépité improvise une nouvelle flamme. Célarine se trouble, parle de trahison, dit en tout cas son exclusivité : elle exige avant de se rendre, quelque offense mortelle envers l'amie, et qui brise à jamais leur lien : puis elle ne se rend point, rit au nez de sa dupe : elle a joui.

Car la volupté est susceptible de plus d'individualisation qu'on ne croit, et je voudrais bien savoir, si le Bonaparte, prenant des territoires et ne les rendant point, qu'on ne l'appelât «cousin», n'est pas la médaille frappée par la bêtise française du même billon que monnoye sexuellement Célarine.

Le clergé s'occupe si exactement sur le sixième commandement, que l'Envie apparaît le plus prospère de tous les péchés capitaux, parmi les pieux. Les béguines de province dardent les suprêmes envies de l'univers, et une vue profonde sur l'âme dévote, découvrirait avec stupeur que la Haine remplace l'Amour chez les paroissiennes, avec parallélisme complet depuis le désir jusques et y compris le spasme. Il convient d'avertir que ce dévoilement offre des dangers et que le pasteur routinier ne désire que des ouailles à la militaire, le prêtre luthéranisé ne conçoit qu'une sorte de domestication des âmes vers le salut.

Célarine est une des plus compromises de son monde, qui est cependant celui du Paris qui s'amuse. Malgré que son mobile envieux soit notoire, on suppose que souventes fois elle a dû se piper elle-même à son méchant jeu. Eh bien! qui aurait tenu toutes les chandelles, n'en aurait vu ni trente-six ni une seule : elle n'a jamais failli, ni du cœur, ni du corps; dès qu'un sentiment était retourné à son profit, elle ne s'y intéressait plus. Superficiellement, on indulgencierait en elle, un désir d'aimer qui s'allume aux amours ambiants; et quelque mirage qu'elle trouvera son bonheur, en prenant celui d'autrui. Non, son âme n'est pas expérimentale, ni son éréthisme chercheur : chasseresse qui ne relève même pas le gibier tombé, et dangereuse d'autant. Quand une passion devient perpétuelle, on la dit monomanie; mais si elle déborde hors des rubriques de l'instinct, elle s'appelle monstrueuse.

Des gens qui n'ont jamais lu de Sade — on aime à le croire—jettent ce nom adjectivé aux peintres des noirceurs humaines; comme si il y avait un rapport entre le spectacle de la haine et de la vengeance et celui de libertins, appliquant aux filles les tortures médiévistes. Cependant, il faudrait une épithète exprimant la joie du mal, mais c'est peut-être là de ces cas réservés en art comme en direction, auxquels seule convient la pénombre de ce mot formidable en son abstrait : « le Péché ».

Dire Célarine perverse, serait erroné; la perversité est très rare, masculine et spéculative, car elle est faite de conceptivité; ignarie de la voir en des actes tout concrets et inobjectifs. Une des toutes premières pages de la psychologie humaine, nous fait voir Kaïn envieux de la ferveur d'une prière, de la symbolique montée d'une fumée : ce qui exaspéra le premier assassin ne fut pas son impuissance de sacrificateur, mais bien la comparaison avec la piété d'Abel. Ce sentiment kaïnite préside aux destinées démocratiques; le fils d'Adam n'est qu'un égalitaire, c'est-à-dire un être bas, incapable de s'élever, et qui lors, veut abaisser tout le monde pour ne plus être inférieur. Chaque individu met son propre niveau sur sa conception de l'humanité, et ne la voit qu'à travers lui-même. Le sentiment kaïnite, si profond en province, doit être considéré comme l'instinct d'une race basse qui se défend contre la race solaire, née commanderesse. Comme aux fins de civilisation, la complexité de l'être le fait incomplet, Célariné peut se dénommer madame Kaïn: parfaitement inconsciente, elle souffle sur toutes les odorantes fumées du cœur qui s'élèvent autour d'elle, par une incitation atavique que nul ne perçoit. Ce qui apparaît perceptible aux pires observateurs et général à tous les milieux, c'est le phénomène des réfractions du désir sexuel.

Un soir d'été, deux dîneurs devisaient sybillinement aux Ambassadeurs, l'un inconnu alors, aujourd'hui notoire, demandait à l'autre, chargé d'autant de myrtes que de lauriers :

— Quel moyen avez-vous pris pour être tant et si souvent aimé ?

— Oh ! c'est bien simple, répondit le célèbre séducteur, j'ai commencé par une maîtresse qui avait beaucoup d'amies; et l'une a voulu me prendre à l'autre, successivement... Je n'ai eu qu'à me laisser couler d'un giron au suivant, le plus ouvert... Une femme résiste à sa tête, à ses sens, à son intérêt, à tout, excepté à l'envie.

« A vous de suivre ce simple système, il est infaillible. » Célarine se nomme donc légion, et n'a plus en propre, que le non profit de son vice.

Sur ce point, Lafontaine disait connaître bon nombre d'hommes qui sont femmes. N'est-ce pas la règle inévitable que l'ami cocufie et non pas l'étranger ? Et cependant, pour les êtres vraiment pensifs et hauts, quelle chose respectable en sa puérile illusion que les petits bonheurs humains ?

La plus haute formule d'aristocratie serait de se réserver la douleur, brûlant joyau seul vraiment décoratif au passage terrestre; un Prospero ne souffle pas sur les châteaux de cartes qui embellissent un moment la vie toujours pitoyable du voisin.

Mises en présence, la rêveuse d'une indépendance de morale masculine, et Célarine, la femme honnête et envieuse, qui déciderait le degré et la gravité du dam.

Le spectateur de l'âme, à certaines momentanéités, se demande si ce qu'on nomme vertu, serait autre chose qu'un état de vice qui défie l'analyse; comme le fluide échappe aux imparfaits instruments de notre laboratoire. L'étude a été menée par des ingénus psychique saints ou de niais professeurs, nos notions latines sur le péché ressemblent à une chimie embryonnaire à corps simples, avec deux modalités de la substance.

Comme la physique pressent tous les corps à l'état composé, la psychique doit étudier tous les cas de vertu comme composés de vices, avec cette formule.

A une modalité supérieure, c'est-à-dire à une certaine subtilité, le mal originel de l'homme se vaporise ou se fluidise presque insensiblement pour autrui; or, pour ne pas émaner sur autrui, il faut érecter au-dessus de soi, et le mystique comme l'idéaliste, comme le chimériste est bon, en ce sens hyperphysique, qu'il s'exhale vers le monde supérieur, et partant décharge d'autant celui-ci.

Le catholicisme seul peut produire une expansion d'ambiance non délétère, et triste constatation par la faute de l'enseignement casuistique, l'armée des Célarine forme le plus gros contingent des troupeaux du Seigneur.

BASILINE

12

XXII

BASILINE

Celle qui n'a pas la langue colom-
bine a la langue vipérine.....
LES FLIRTEUSES.

Ses aïeux, des soldats, ont incendié le Palatinat avec
Turenne; ses aïeules, des drôlesses, sont entrées au lit
du roi, par la main de Lebel ; on s'est trémoussé dans le
sang et dans la fange sous ce nom que Siméonne porte
en diadème.

Quand on l'annonce, elle s'étonne de ne pas produire
grand effet et pense : « Ces espèces-là ne savent pas
l'histoire. » Ils la savent trop bien peut-être et ne voient
de cette duchesse que la réalité : une sotte imperti-
nente.

A son petit fils, qui a dix ans, elle recommande :
« Ne te laisse embrasser que par des gens qui soient au
moins comte. » Et l'enfant, qui n'ose esquiver la caresse
du baron et du roturier, du moins, après ces baisers non
titrés, va s'essuyer la joue aux rideaux armoriés.

Un jour, que le malheur des temps et le heurt des

PAGINATION DECALEE

voyages la mettait à une table d'hôte, à l'admiration
naïvement exprimée d'une bourgeoise sur l'art extra-
ordinaire de peler sa poire : « Les Basiline trouvent cet
art-là dans leur berceau, » déclara l'insipide duchesse.
Prononce-t-elle le nom d'un écrivain mal né, les syl-
labes manantes semblent lui écorcher la lèvre ; elle con-
sidère les poètes comme les gentilhommes verriers de la
littérature ; quant aux prosateurs, ils sont des indus-
triels.

La poésie reste noble parce qu'elle passe pour ne
rien rapporter ; mais, vivre de sa pensée, paraît infa-
mant à la noble dame.

Ces premiers traits d'une comtesse de Pimbèche
d'Orbèche ne seraient pas notoires, si Basiline n'avait
imaginé un moyen de polémique réactionnaire tout à
fait singulier.

Herminie, du noble faubourg, a-t-elle été compro-
mise ; une femme paraît dans trente salons le même
jour, plaidant, démentant, lavant à grands bavardages
le blason éclaboussé d'adultère : c'est Basiline.

Fœdora, du monde seulement, élégante, et dont les
aïeux sont inconnus, a-t-elle fait un scandale ; une
femme semble posséder l'ubiquité de la médisance et
traverse tous les milieux, accusant, aggravant, désho-
norant à grands frais d'imagination l'infortune de cette
bourgeoise : c'est Basiline.

On pourrait la caricaturer : du pied éclaboussant une
porte sans blason, de la main badigeonnant, à la plus
brûlante chaux, un porche écussonné.

Voilà sa façon de battre la démocratie : produire un effet d'opinion qui fasse voir les nobles en blanc et les autres en boue.

Son esprit, méchant et petit, évolue sur un fond bizarre de dévotion et d'héraldique ; les péchés titrés et les péchés du commun ne sont pas les mêmes. Ce qui s'appelle galanterie pour la grande dame, devient saloperie pour la simple dame.

« Ne croyez pas que cette noble enfant ait eu une faiblesse pour ce charmant vaurien de vicomte. »

« Croyez-vous pas que cette gaupe a résisté à ce bouc ; à d'autres. » Ce sont les deux versions de son perpétuel papotage.

Il arrive, chose ironique, qu'en certaines périodes, Baziline n'a pas un honneur de bourgeoise à se mettre sous la dent. Alors, le besoin de calomnier l'emporte même sur l'esprit de caste ; elle va semant des potins sur les jeunes femmes : « Ne trouvez-vous pas que la petite comtesse devient rêveuse ; il y a quelque galant sous cette rêverie. » Ou bien : « N'avez-vous pas remarqué les étranges allures de Mme de Guébriant ; on dirait qu'elle ne marche plus très droit. » Basiline, inoccupée, fait trembler le Paris qui s'amuse. Elle est à la fois dame Bazile et camerera Mayor ; et les pauvres Marie, qui ne sont pas de Neubourg, savent qu'un seul coup de ces vilaines dents peut détruire le bonheur légitime aussi bien qu'illégitime.

Quand Basiline ne publie pas un cocuage, elle va persuader un mari que sa femme le trompe ; et s'amuse

beaucoup des transes de ce George Dandin, comme
elle l'appelle.

Elle oublie ses quinze quartiers pour interroger les
femmes de chambre : « Votre dame met-elle des pan-
talons? » est une de ses premières questions : « Votre
dame est-elle très soigneuse dans sa toilette intime ? »
est la seconde; la troisième : « Votre dame parfume-t-
elle ses dessous ? » Si elle obtient trois : « Oui, » elle
conclut à l'adultère permanent.

On la surprend préoccupée, on l'interroge : « J'ai vu
tout à l'heure Mme *** avec une toilette bien facile à dé-
faire et à refaire. »

Un jeune mari bellement assuré de l'amour ou de la
vertu de l'épouse, la provoque : « Et bien! duchesse
Basiline, j'ai l'honneur et le bonheur d'une petite femme
qui n'a rien à craindre de votre œil de lynx. »

Peu après, Baziline rencontre le fat conjugal, et le
faisant approcher d'un signe de tête, tout bas : « Mon
cher, votre femme sort bien souvent en robe de foulard,
en bottines à élastiques. » Et, sitôt, le malheureux s'en-
rage de soupçons, se torture l'esprit en surveillance, en
perd le manger.

Au Jockey, on a discuté sérieusement si un moyen
frisant la loi, sans la violer, n'existait pas de débarrasser
le *train* de cette terrible empêcheuse de danser en rond.
Eliacin a dépêché un révérend jésuite à la venimeuse
commère.

Le Père, se sentant soutenu de l'assentiment général,
a été vif et précis, démontrant avec des textes de théo-

logie morale l'énormité du péché, résidant à augmenter le scandale ; et comme ses arguments s'émoussaient sur le dur entêtement de la duchesse :

— Vous n'avez donc jamais aimé, dit-il ?

Elle fit un haut le corps stupéfait.

— Si j'avais aimé, aurais-je le droit de vitupérer les amoureuses ; il y a deux occupations dans la vie : le devoir et la faute. Le devoir, mon Père, même bien accompli, n'apporte pas toujours une satisfaction appréciable, et on se sentirait un peu volée s'il ne donnait le droit de mépriser et de médire. Comment ? j'aurai renoncé aux pompes de l'amour et à ses œuvres ; j'aurai vieilli sevrée de ses joies, et vous venez me refuser la compensation qui me reste de blâmer les pécheresses. Elles auraient donc double part : honneur et plaisir. Je n'entends pas la justice ainsi. Celle qui renonce à l'amour a droit de prendre l'honneur des amoureuses et de s'en faire litière.

Et comme le jésuite restait confondu.

— Trouvez-moi donc une femme indulgente sans faute, et quand vous m'aurez montré ce phénix, je soutiendrai encore que les lèvres ont besoin de s'occuper, qu'on ne se refuse la joie probable du baiser qu'en gardant par devers soi la compensation de mordre. Sans quoi, la pruderie serait une vraie pipée, mon Révérend !

PUSINNE

XXIII

PUSINNE

— Rien que des mots... des mots de
haulte graisse. »
LES FLIRTEUSES.

Le jour où M. Emile Zola apporta l'autorité de son
talent à l'emploi du terme bas, mettant suçon, là où
Balzac eut écrit morsure, décrivant un accouchement
avec les mots même de la rue, et substituant dans la
littérature française étonnée, *tache d'encre* à pubis et
boyau a ombilical, célébrant avec lyrisme la lunaison
sexuelle; ce jour-là, Pusinne cria d'enthousiasme, elle
allait donc lire fraîchement imprimées les expressions
chaudes qu'elle a toujours aux lèvres.

Vieille fille, toujours environnée de vieux garçons,
Pusinne n'a point de tare que son goût dépravé pour la
scatologie; si familière avec le langage des gaudrioles
moyen âge, que des bribes lui jaillissent des lèvres à
tout propos, et malgré son nom et sa fortune, on n'ose
l'inviter qu'en des compagnies où se culottent les pipes
et se déculottent les mots. Insatiable d'éréthisme

PAGINATION DECALEE

graveleux, à un gros mot crié dans la rue, elle sou-
rit et se retourne, malgré soi. Un homme d'esprit a
fort à faire de ne pas tourner au goujat sur le terrain
des grasses histoires, une femme ne saurait jouer la
rabelaisienne sans dégoûter; jeune, elle paraîtrait fille;
âgée, elle ne ressemble à rien de nommable.

L'expression des nécessités organiques reste toujours
basse et vile; et les choses de l'amour, en dépit de cette
dénomination bête de gauloise, sont celles du monde
qui s'accommodent le moins du rire.

Le siècle du Régent et de la Pompadour n'a pas pro-
duit un seul vers érotique qu'avouerait un poëte con-
temporain; mais Piron n'a pas mérité, le sort qu'il y
a le colportage et la notoriété parmi les calicots.

Pusinne, du reste, se plait médiocrement aux mœurs
érotiques fleurant la bergamote et la maréchale du che-
valier Parny, de Dorat et Gentil Bernard, elle ne s'élève
pas jusqu'à la lugubre luxure de Baudelaire et de Ver-
laine; c'est une éprise du gros mot, de la cocasserie
ordurière.

A l'affût des croustillantes histoires, abonnée à tous
les journaux à scandales; elle pousse l'amour de la
gaudriole aussi loin que le divin Aretin, qui mourut dit-
on, d'un éclat de rire, en entendant conter le scandale
d'une de ses sœurs.

Cette détraquée n'a pas le cœur fermé, ni mauvais;
une jeune femme vint un jour lui emprunter mille
francs : « Ne me les rendez pas, mais vous me devez
dix histoires sales; » et le mari qui avait été soldat dut

apprendre à sa femme dix ordures de chambrée que celle ci, malgré son écœurement, redit à Pusinne, qui l'interrompait de ce reproche : « Vous n'y mettez pas du tout le ton qu'il faut. »

Pusinne a un neveu studieux, de froid tempérament et d'imagination sentimentale; à une époque, amoureux très platoniquement, il vint demander à sa tante l'argent nécessaire pour suivre son idole à Nice.

« Oui bien, — dit-elle, — il faut que toute fantaisie, point méchante, aie son cours; mais si tu veux que je t'entretienne là-bas, et sur un bon pied, ce ne peut-être que comme *chargé d'affaires* à mon goût : Tu m'enverras quelque chose comme un conte de Grécourt pas semaine. » N'était-ce pas curieux, ce céladon forcé de composer des ignominies pour filer le plus pur des parfaits amours; et finalement traitant avec un ancien souteneur, plein de souvenirs mais non d'orthographe, et qui lui dictait hebdomadairement six pages d'horreurs.

Elle donne à dîner, cette Mᵐᵉ Geoffrin de la bagatelle récitée, et s'est fait une cour de vieux beaux égrillards. Au dessert, les coudes sur la nappe, chacun dégoise d'invraisemblances écœurances!

Son grand désespoir, c'est d'ignorer le latin : elle se figure que la langue de Pétrone renferme les terres promises de son désir. Elle l'apprendrait, si elle en avait la patience. Paul de Kock et ses femmes endimanchées qui tombent les jambes en l'air sur l'herbe des banlieues, lui semble le dernier mot · de la saine

gaieté. Elle possède une très belle photographie Braun
de la *Kermesse*, de Rubens; les dyspepsies, les diarrhées
sont les thèmes chers à sa bêtise malpropre, elle rêve
parfois d'un hôpital en goguette comme du plus joli
spectacle à souhaiter. Le cocuage, naturellement, lui
désopile la rate, pourvu qu'il ne soit que grotesque; au
tragique, elle ne comprend plus, et son esprit court et
vide tourne bride. Sa tête, un Palais-Royal crapuleux où
l'on parlerait le Jean Hiroux. Elle plaisante agréablement sur les bottes de gendarme, la coiffure des bon-
netiers; et son goût s'élève jusqu'à chérir la peinture de
M. Ortégo.

Libre-penseuse, du reste, comme il convient, et ingé-
nuement brochant le blasphème bénin sur le fond popu-
laire et grouillant des gaillardises.

L'observateur, devant ce phénomène absurde, se
demande quelle antécédence peut rimer avec une séni-
lité aussi idiotement déshonorante.

Une naissance bourguignonne: puis la mort des
parents, faisant sortir la jeune fille de pension à seize
ans; un tuteur ivrogne et insouciant laisse l'enfant
gérer ses biens. Plus tard, une occasion fort belle de
vendre tout en bloc; puis, un train de plaisir, à l'occasion d'une fête plus ou moins nationale, et la rencontre
de joyeuses commères, l'installation rue Mazarine;
voilà toute la documentation.

Aucune préoccupation de l'homme ou du sentiment:
rien que le goût de parler gras, d'entendre et de raconter
des énormités, avec des rires esclaffants.

Demandez à Pusinne ce qu'elle pense de l'Amour ;
si elle vous honore d'autre chose que d'une nasarde,
ou que vous la poussiez jusqu'à la rendre sérieuse et
réfléchie :

— L'amour, c'est amusant d'en parler ; c'est là-dessus
qu'on dit les plus grosses...

Ajoutez :

— L'amour, pourtant, n'est pas qu'une parole grosse
ou non ; c'est aussi un acte.

Alors, vraiment soulevée d'une nausée qui n'est pas
feinte, elle s'écrie :

— L'amour, un acte ?... Oh ! de grâce... Pouah !
taisez-vous ! vous me dégoûtez.

DOSITHÉE

XXIV

DOSITHÉE

> — Et dire ! que c'est là, le meilleur
> numéro, le gagnant, à la loterie
> matrimoniale.
>
> LES FLIRTEUSES.

Ni jeune fille, ni épouse, ni amante, ni mère ; Dosithée
naquit femme du monde.

Le Monde ! cette collection de riches désœuvrements,
voilà son rêve de vierge, sa chimère de femme.

En se mariant, c'est le Monde qu'elle a épousé, c'est
à lui qu'elle a juré obéissance et fidélité ; son cœur ne
battra jamais que pour l'homme à la mode : Capoul ou
Caro.

Mère, elle a dissimulé sa grossesse au prix d'atroces
douleurs, et la crise venue, encadré ses relevailles dans
cette mise en scène, la loi de sa vie ; consacrant au
Monde l'enfant qui vagit dans ses langes de points
d'Angleterre, avec plus d'enthousiasme fervent qu'une
matrone romaine vouait son fils à la Patrie.

Être purement décoratif, charmant et nul, artificiel et
tout extérieur, Dosithée a appris de dix à vingt ans un

PAGINATION DECALEE

rôle qu'elle jouera toute sa vie, sans un manque de mémoire et toujours avec le même brio : une comédie d'Émile Augier, les passions ôtées.

Le rideau se lève sur un berceau rose, enguirlandé de rubans et dentelles.

Dès son entrée dans la vie, on l'enveloppe de ce qui sera sa grâce, sa force et sa science : le chiffon. Elle est à peine née que déjà on la pomponne, on l'atiffe, on procède à ce qui sera la grande affaire de sa vie : la toilette. Le premier bruit qu'elle entend c'est le gazouillis vide et joli des amies de sa mère; ce qui sera toute sa pensée : *le bagout.*

Dosithée n'a pas eu d'enfance : à quatre ans on l'a appelé « mademoiselle », lui recommandant de se tenir droite et calme, et de n'avoir point les façons gamines; réprimandée pour s'être roulée sur les tapis, grondée pour des mains salies.

On l'a vue, aux Tuileries, en petits costumes exquis, déjà soucieuse de ne pas se commettre, ne jouer qu'avec les petites filles qui lui semblaient aussi bien mises qu'elle, c'est-à-dire de son monde.

Ces donzelles de sept ans se disent vous entre elles, ont des regards d'actrices, font bouffer leurs jupes et coquettent avec les garçonnets.

En pension, Dosithée a reçu une instruction dont tout le programme mérite l'*A quoi bon?* du bel esprit, consulté sur la façon d'instruire le marquis de la Jannotière, dans le conte de Voltaire.

Il n'y a que deux éducations logiques pour la femme :

celle de la matrone grecque et celle de l'hétaïre; le pensionnat, en les fusionnant, n'obtient rien que d'illusoire, on tend aujourd'hui à prendre le système anglais; est-ce pas ridicule qu'un être dont la fin est de plaire, sache qu'elle respire de l'oxygène, les cas d'égalité des triangles et la théorie des sélections.

J'ai rencontré, au palais Pitti, une adorable enfant de la verte Erin, véritable vignette d'Ossian, qui savait par cœur les dates de naissance et de mort de tous les peintres; elle ne comprenait rien à l'art, comme Stendhal, préférait Guido Reni à Raphaël et Canova à Donatello.

Veut-on une femme utile? Qu'on l'enferme étroitement dans l'économie domestique, d'après la formule du bonhomme Chrysalde! Veut-on une femme de luxe? Qu'elle comprenne Léonard, qu'elle entende Shakespeare comme elle joue Mozart, mais lui apprendre à broder des tabourets, des pantoufles et à faire du crochet, lui mettre dans son front d'oiseau les trois-cent-trente rois de Ménès à Mœris et les clauses des traités de l'histoire de France, c'est ne rien faire ni pour l'utile, ni pour l'agréable.

Femme d'intérieur ou femme de parade, il faut opter. L'une doit savoir faire sa soupe, sa robe, son lit; l'autre parler comme un livre, penser comme un paradoxe, comprendre l'art en critique et la toilette comme un artiste : ou plutôt elle doit être, elle-même, un objet d'art, et mettre des poèmes aux plis de sa robe, des idylles dans ceux de son fichu, des odes à ses regards, à ses sourires des épigrammes.

Le pensionnat, à part l'orthographe et un abrégé de Laharpe, enseigne à se bien tenir et à bien penser.

La maître à danser n'a plus son importance du xviii° siécle; ce n'est plus le sémillant personnage qui sautille, pochette en main, dans les gravures de Cochin et de Saint-Aubin; c'est une sorte de notaire sans lunettes, qui s'entend à la musique comme Helvétius s'entendait à la philosophie, incapable de menuet.

On apprend à la jeune fille l'usage d'un temps qui en manque, le ton d'un milieu qui l'a mauvais et le goût du jour qui est faux. On baisse les paupières de ses yeux mutins, on lui colle aux lèvres une bande de sérieux qui ne tient pas. Toutes ces charmantes petites individualités, on les frotte les unes contre les autres, jusqu'à ce qu'elles soient démonétisées et frustes. Quand toutes se ressemblent, qu'on les a bien clichées on croit avoir fait œuvre de haute éducation : et cette orthopédie singulière ne souffre pas d'exception.

Une originalité perce-t-elle, vite l'on reboute cette luxation de caractère : il faut saluer différemment ses amies, ses parents, les vieillards et les évêques, telle est la règle des rencontres et l'opinion qu'il convient d'avoir sur les choses : ce sont commandements obéis ; il y a un prototype, un moule de la jeune fille comme il faut ; toutes y doivent rentrer. A leur étonnement, devant un absurde, on dit pour péremptoire, « c'est l'Usage ; la Mode... le Monde. » A l'aide de quelques formules, il lui faudra raisonner sur tout. Cela rap-

pelle la machine à penser que Raymond Tulle inventa
pour qu'on put répondre aux sophismes captieux de
l'Antéchrist. La maîtresse de pension ne vise pas si
loin; sa logique n'est qu'une brochette de préjugés et
de conventions; telle eut été une Renée Mauperin,
qui sera une poupée.

A côté des leçons officielles, il y a les causeries dans
les cours, les veillées du dortoir, les confidences des
bonnes amies. S'imagine-t-on ce qu'une demi-douzaine
de jeunes filles qui se prêtent mutuellement leur malice
peuvent s'apprendre et deviner.

Du couvent, Dosithée passe au salon; ignorante ce
qui est une innocence, curieuse, ce qui est un danger.
Les yeux baissés elle vit : l'air distrait, elle écouta. Menée
au théâtre, liseuse des romans du jour oubliés sur les
tables, le premier bal et le premier danseur la préoc-
cupèrent d'abord, sans l'occuper longtemps. Déjà, elle
ne s'appartenait plus assez pour songer à quelqu'un
en particulier : fille du monde, elle était toute à tous.

Survint un monsieur, habillé chez Dusautoy, ganté
cher Reynier, coiffé chez Gibus, la fortune entamée rue
Vivienne et la santé aussi rue Breda. Les coffres-forts et
les familles se convenant, ils s'épousèrent. Dosithée
arriva au seuil de la chambre nuptiale avec une complète ignorance physique et une science immorale déjà
grande. Ce qu'elle ignorait encore, elle le sut le lendemain; et le souvenir écœuré, ridicule ou médiocre
de la première nuit, créa cette existence en partie double si frequenté dans la haute société. On l'avait don-

née, elle se reprit vite, touvant tout de suite son aplomb.
Le mariage a été pour elle l'émancipation : une fortune
à dépenser à sa guise, une voiture à ses ordres, les
bijoux et les étoffes riches que la jeune fille ne porte
pas. Plus de gouvernante à ses trousses, elle sortira
seule. A l'instar de sa mère, elle a, comme fera sa propre fille, arrangé sa vie sans tenir autre compte de son
mari que d'un associé. Le premier bonheur a été d'avoir
un jour de réception ; dès lors, dans son rôle, sa vie
s'est trouvée pleine.

Elle se lève à midi, s'étant couchée à l'aube ; il faut
calculer la toilette de demain, revêtir celle d'aujour-
d'hui, aller en visites, aux expositions, au bois, et revenir se décolleter pour le bal. La villégiature dans les
châteaux de la Loire ou aux plages de Normandie ne
change rien à cet affairement inoccupé ; ce sont tous les
jours, les trois toilettes, les papotages et les parades,
tourbillonnement vide et bruyant.

Dosithée n'a pas l'esprit d'une du Deffaut, d'une
Cornuel, elle met tout celui de Voltaire dans des « ah ! »
et des « oh ! » Ce qu'elle dit est insignifiant, la façon
dont elle le dit, charmante. Elle a au lieu du sens artiste le sentiment du joli, du coquet. Ses toilettes, sa
féerie, sont de sa couturière, mais elle les porte si bien
et leur donne tant l'expression. Que ne fait elle pas dire
à un ruban ; elle joue de toute sa personne comme une
espagnole de son éventail.

Son journal, la *Vie Parisienne ;* ses maëstros Offen-
bach et Lecocq; ses romans d'Ohnet ou de Malot;

son peintre, Cabanel; sa couturière, Duluc. Elle préfère le vernissage aux tableaux, les réceptions d'Académie, à la lecture; et le concours hippique à Molière.

Elle est bonne et se prostitue un peu, aux ventes de charité; au fort de l'hiver, elle va porter des secours dans les mansardes; et au retour, le tapis épais qu'elle foule, le feu clair qui lui rit, lui sont plus doux; elle jouit mieux de sa fortune après avoir usité la misère.

Au-dessus des vices, au-dessous des vertus, elle est honnête, malgré l'apparence. Le monde qui applaudit à toutes les excentricités ne pardonne pas une faute, et elle mourrait loin de lui, comme Bussy Rabutin exilé de la cour. Son art est de danser sur la corde roide de la galanterie en se penchant beaucoup, sans tomber. Si son cœur parle, elle ne l'entend pas, il y a trop de bruit dans sa vie.

Un moment viendra où ses bonnes amies ne la déchireront plus. Dosithée alors, abdiquera sans s'obstiner et on lui saura gré de s'effacer à temps. Comme Rossini a cessé de produire en plein génie, elle se retirera en complet triomphe de mondaine.

Au second plan, encore très entourée, les adorateurs devenus des amis, son salon sera toujours à la mode; vieille et toujours jolie, elle promènera sur toute chose un sourire resté jeune; les rides lui iront bien comme la craquelure à la fine porcelaine et le monde, pour qui elle aura vécu, entourera sa fin d'un respect reconnaissant. Femme fidèle à son mari qu'elle

15

aura poussé; mère qui aura gâté et casé ses enfants.
Que se reprocherait-elle dans sa quiétude du devoir
accompli?

Elle finira comme elle a commencé, par un entrefilet
au *Figaro*, et le Tout Paris, qui signait à son mariage,
assistera à son enterrement.

TABLE

SAINT-DENIS. — IMPRIMERIE LÉON MOTTE, 20 BIS, RUE DE PARIS.

www.ingramcontent.com/pod-product-compliance
Lightning Source LLC
Chambersburg PA
CBHW051733090426
42738CB00010B/2231